基金项目：全国教育科学规划课题2021年度国家一般项目
"互联网促进义务教育优质师资城乡一体化流动机制与实践路径研究"（项目编号：BCA210089）

◀ 极 简 教 育 技 术 丛 书 ▶

黎加厚 / 丛书主编

极简教育技术教师培训手册

梁凯华 / 主编

北京师范大学出版集团
BEIJING NORMAL UNIVERSITY PUBLISHING GROUP
北京师范大学出版社

图书在版编目(CIP)数据

极简教育技术教师培训手册 / 梁凯华主编. —北京：北京师范大学出版社，2024.6
ISBN 978-7-303-29078-9

Ⅰ. ①极… Ⅱ. ①梁… Ⅲ. ①教育技术学－教师培训－手册 Ⅳ. ①G40-057

中国国家版本馆CIP数据核字(2023)第065577号

图书意见反馈：gaozhifk@bnupg.com　010-58805079
营销中心电话：010-58802755　58800035
北师大出版社教师教育分社微信公众号　京师教师教育

JIJIAN JIAOYU JISHU JIAOSHI PEIXUN SHOUCE

出版发行：	北京师范大学出版社　www.bnup.com
	北京市西城区新街口外大街12-3号
	邮政编码：100088
印　　刷：	北京虎彩文化传播有限公司
经　　销：	全国新华书店
开　　本：	787 mm×1092 mm　1/16
印　　张：	9.75
字　　数：	220千字
版　　次：	2024年6月第1版
印　　次：	2024年6月第1次印刷
定　　价：	49.00元

策划编辑：冯谦益	责任编辑：王思琪
美术编辑：焦　丽	装帧设计：尚世视觉
责任校对：段立超	责任印制：马　洁

版权所有　侵权必究
反盗版、侵权举报电话：010-58800697
北京读者服务部电话：010-58808104
外埠邮购电话：010-58808083
本书如有印装质量问题，请与印制管理部联系调换。
印制管理部电话：010-58806364

本书编委会

主编：梁凯华

编委（以姓氏笔画为序）：

王东英　王红梅　刘宇隆　李　刚

李佳佳　李鹏程　张布栋　贾　越

梁凯华

总 序

这套丛书为什么叫"极简教育技术丛书"？这源于教育信息化四十多年发展的历史经验。

回首往事，一切烦琐的技术软件都随着岁月流逝飘去，大家离不开的教育技术是极简的技术，它操作简便、实用好用，能够迅速解决问题。

教育部强调要扎实推进国家教育数字化战略行动，提出"应用为王、服务至上、简洁高效、安全运行"的原则。现代极简教育技术就是把"应用—服务—简洁—安全"落实到每个教师和学生的教学活动中。

我想看看机器是如何认识极简教育技术的，就给一个生成式人工智能软件发送提示词：面对飞速发展的人工智能时代，大家都关心如何运用新技术赋能教育发展，请你为"现代极简教育技术"丛书撰写序言。

它立刻回复：

在今天这个充满机遇和挑战的时代，教育不再是传统的、单一的知识传授，而是需要根据时代和学生需求不断调整教学策略和手段。人工智能时代的到来，不仅为教育带来了无限可能，也为教师和学生带来了前所未有的挑战。在这个时代，使用简单、实用、有效的极简技术为教育注入新的能量，让学生掌握更多的技能，成为每一位教师的责任。

"现代极简教育技术"丛书旨在为广大教师提供一种方便、实用、有效的教学工具，让他们能够在课堂中更好地应对人工智能时代的挑战，让学生获得更加丰富和深入的教育体验。本套丛书不仅关注现代教育技术的前沿和创新，而且注重极简技术的应用，帮助教师尽快掌握基本的教学工具和技能，更好地发挥自己的教学优势。

在编写本丛书的过程中，我们深切地感受到了人工智能时代教育领域的创新和变革，同时也深刻地认识到了教育技术应用面临的挑战和机遇。本丛书力求以简洁明了的语言和实用有效的案例，为教师提供全面、深入了解在小学语文、数学、英语教学中应用现代极简教育技术的视角和方法。

我们希望本套丛书能够成为教师的得力工具，帮助他们更好地应对未来的挑战，为学生提供更加优质的教育服务。同时，我们也希望教育领域的专家、学者能够共同努力，推动教育技术的创新和发展，为教育事业的进步贡献自己的力量。

看到屏幕上它撰写的序言，我十分惊讶！今天，连机器都知道极简教育技术对教育发展的意义。

北京师范大学出版社组织"现代极简教育技术"丛书出版选题具有时代价值。出版社在多个有关教育技术在中小学教学中的应用的上报选题中，精心筛选出"现代极简教育技术"丛书，第一批共四本书：

(1)梁凯华主编的《极简教育技术教师培训手册》。
(2)窦继红编著的《极简教育技术与小学语文教学》。
(3)周雄俊主编的《极简教育技术与小学数学教学》。
(4)何其钢主编的《极简教育技术与小学英语教学》。

参加本丛书编写的作者都是长期工作在学科教学一线的优秀教师和近年来活跃在我国教育信息化领域的中青年学者，他们不仅努力学习和研究本专业领域的理论，而且积极参加各地中小学教师信息化教育培训工作，熟悉中小学教师在信息化教学中所遇到的问题和困难，并积累了丰富的信息化教学实践和改革经验。丛书的编写工作体现了作者团队对极简教育技术的思考和研究，体现了近年来在小学语文、数学、英语等学科教学领域和师资培训中应用极简教育技术的原创性、思想性、实用性、可操作性，体现了理论与实践相结合的中国式极简教育技术特色。

在具体的学科教学中，教师如何进行信息化教学设计，如何提高信息技术在教学中应用的有效性？数字化教育资源建设的方向和具体操作的策略是什么？教师如何针对不同教学问题和教学场景，恰当使用技术赋能减负增效？如何根据教师的实际需求组织信息技术能力提升培训活动？如何在学科教学中用好新技术，让师生有较高的获得感？这是当下教育数字化转型的时代背景下，每一所学校和每一位教师面临的现实问题。

本套丛书的编写将问题导向、基于学科教学的情境作为分类主线，便于读者学习掌握。丛书汇集了基于国家新课程标准的教学设计策略、极简教育技术支持的教学活动案例、实用技术软件的操作使用培训资料、教学资源及网址等。

丛书强调实用性、易学性、针对性，力争做到所有介绍的新技术在教学中的应用必须是"一看就懂、能用好用"。丛书根据不同学科的具体特点，汇集了来自教学一线的学科教师给出的问题方案，包括新的教育理念、新的教学策略、可供读者拿来就用的教学软件和小程序、教学设计方法和案例、可用的教育资源等，让读者在丛书中找到自己所需的极简教育技术。

本套丛书的读者定位是广大中小学教师，强调理论联系实际，解决学科教学各个环节中遇到的具体问题，为提高信息化教学质量服务。

感谢参与本套丛书编写的所有人员对丛书编写工作的倾力投入和支持，感谢丛书作者所在单位的有关领导对丛书和作者的支持，感谢北京师范大学出版社对教育数字化发展战略的支持以及为丛书的出版所付出的辛勤劳动。

本套丛书可以作为中小学教师信息化教育的理论和技术参考书、教师继续教育培训教材、高等院校师范专业的公共教材、高校教育技术专业的研究生和本科生的参考用书。

由于教育数字化转型发展较快，特别是生成式人工智能的飞速发展，教师智能化教学设计能力的提升将面临新的挑战和机遇。

在《极简教育技术教师培训手册》分册中，作者介绍了如何使用生成式人工智能促进教师专业发展的最新内容。目前全球亿万用户每天都在与生成式人工智能互动，而且，我们从事的教育数字化转型是人类教育发展史上从来没有遇到的新事物，一切都在探索和实践中。因此，本套丛书滞后于生成式人工智能的发展速度将是必然的。特此恳请读者批评指正，并欢迎大家与我们一起投入教育数字化发展的战略中，跟上时代的发展，在实践中不断学习。

黎加厚
写于上海师范大学科技园
2023 年 5 月 8 日

前　言

教师喜欢什么样的培训？

这是每一位教师、教研员、教师培训者、教育管理者都需要深入思考的问题。据我的实践发现，教师喜欢参与式、实践式、互动式、针对式的培训，这种培训具有高获得感。获得感是人的物质与精神层面需求得到满足以后产生的一种满足感，强调一种基于真实需求满足的实实在在的"得到"。获得感是培训的目标和评判标准。

极简培训是一种高获得感的培训。

什么是极简培训？

极简培训来源于教师培训实践，是指在日常学习工作生活中，采用时间较短、内容极简、方法灵活、情境真实，能够有效提高学习工作生活效率和质量的培训方式。极简培训非常适合应用于线下、线上、线下与线上融合的各类教师信息技术应用能力培训中，特别是以极简教育技术为培训内容的培训中。极简培训可以融合到学校教育的各类活动中，利用 3~30 分钟时间开展快闪式的培训或者成果分享。

极简培训是极简教育技术教师培训的核心。

什么是极简教育技术教师培训？

极简教育技术教师培训来源于教师培训实践，是以教师为培训对象，以极简教育技术为培训内容，以极简培训为主要方式的新型培训，具有目标明确、时间较短、获得感高等特点。通过参与培训活动，学习者可以掌握能常态化应用于学习、工作、生活中的极简教育技术，解决沟通交流、数据收集与分析、资源管理、听评课、开展趣味竞赛等工作上的难题；还可以体验参与式的各类创新型成长活动，如发现"紫牛"、你演我猜、朗读者、围炉夜话、行走教学法、六顶思考帽、黄金圈思考法、流量教师、AI 帮你画、AI 运动教练等，每一个培训活动都是针对教师培训量身定制的，绝大多数活动都是作者原创的。每一个培训活动，都可以用于在校学生、职前教师、在职教师、培训机构教师，甚至是企业员工的培训中。

期待本书能为培训者与学习者打开专业发展的新大门！

梁凯华

2024 年 1 月

目 录
CONTENTS

第一部分　极简教育技术教师培训的设计方法 / 1

模块一　教师需要什么样的信息技术应用能力培训 / 3
一、教师培训中的两个"怪现象" / 3
二、获得感是教师培训的目标和评价标准 / 4
三、高获得感教师信息技术应用能力培训的特点 / 4

模块二　极简培训的定义 / 7
一、从极简教育技术到"闪训"，再到极简培训 / 7
二、极简培训的定义 / 9

模块三　极简培训的理论基础 / 10
一、体验式教学与体验式培训 / 10
二、心理学短时记忆的"米勒—考恩定律" / 10
三、极简主义与极简教学 / 11

模块四　极简培训的实施策略 / 12
一、培训导向：自定航向 / 12

二、培训内容：按类按需分层 / 16

三、培训方式：快闪式培训 / 18

第二部分　66个极简教育技术教师培训活动 / 21

模块一　相互认识，形成小组 / 23

一、一起出发 / 23

二、寻找另一半 / 24

三、发现"紫牛" / 26

四、交友广告 / 27

五、十二生肖 / 28

六、对口令 / 29

七、你演我猜 / 30

八、猜歌达人 / 32

九、呼吸冥想 / 33

十、减压交响乐 / 34

十一、画—说—画 / 35

模块二　收集数据，分析数据 / 38

一、快速录入 / 38

二、文献检索 / 41

三、家长车牌 / 43

四、在线测试 / 45

五、学生量化评价 / 46

六、易查分 / 49

七、快速成绩分析 / 51

八、个性词云图 / 52

九、百变图表 / 53

模块三　学会观察，学会访谈 / 56

一、角色互换 / 56

二、见字如面 / 57

三、朗读者 / 59

　　四、围炉夜话 / 60

　　五、学做记者 / 62

　　六、真心话 / 64

　　七、吐槽大会 / 65

模块四　问题解决，展示交流 / 67

　　一、行走教学法 / 67

　　二、世界咖啡讨论法 / 69

　　三、我们都是专家 / 71

　　四、头脑风暴法 / 72

　　五、戈登法 / 73

　　六、六顶思考帽 / 75

　　七、名义群体法 / 77

　　八、百闻不如一见 / 79

　　九、我们的快乐瞬间 / 80

　　十、网盘共享资源法 / 82

模块五　相互评价，自我反思 / 85

　　一、移动评课 / 85

　　二、多元听评课 / 86

　　三、课堂互动分析 / 88

　　四、猜猜我是谁 / 91

　　五、你最优秀 / 93

　　六、黄金圈思考法 / 94

　　七、人生之路 / 96

　　八、最后通牒 / 98

　　九、我看到了什么 / 99

　　十、反思笔记 / 101

模块六　以赛促学，开拓思维 / 104

　　一、平平仄仄 / 104

二、一笔一画 / 106

　　三、诗词大会 / 107

　　四、英语趣配音 / 108

　　五、一战到底 / 109

　　六、流量教师 / 111

　　七、坐火车去旅游 / 112

　　八、历史达人 / 113

　　九、学习达人 / 114

模块七　未来已来，体验 AI / 117

　　一、体验 AI / 117

　　二、身边的 AI / 119

　　三、手机中的 AI / 120

　　四、智能垃圾分类 / 121

　　五、共创诗词 / 123

　　六、AI 帮你画 / 124

　　七、AI 运动教练 / 125

　　八、生成式人工智能对教师的影响 / 127

　　九、AI 与教学 / 129

　　十、AI 会取代教师吗 / 130

第三部分　极简教育技术教师培训的未来展望 / 133

模块一　极简教育技术的未来发展趋势 / 135

模块二　极简培训的未来发展趋势 / 137

　　一、建设教师信息技术应用能力极简培训在线课程体系 / 137

　　二、建设基于区块链技术的极简培训评价体系 / 139

后记 / 141

第一部分
极简教育技术教师培训的设计方法

第一，本部分分析了教师需要什么样的信息技术应用能力培训，介绍了教师信息技术应用能力培训获得感的内涵，明确了高获得感的教师信息技术应用能力培训的特点，提出了高获得感的教师信息技术应用能力培训方式：极简培训。

第二，本部分介绍了极简培训的内涵、理论基础和开展教师极简培训的三种策略："自定航向"的培训导向、按类按需分层的培训内容、基于"快闪教学法"的培训方式。

极简教育技术教师培训的核心是极简培训。该培训以学习者的获得感为目标和评判标准，强调实用性、实战性、即时性和实境性。极简培训适合被应用于线下、线上、线下与线上融合的各类教师信息技术应用能力培训中，特别是以极简教育技术为培训内容的培训中。

模块一

教师需要什么样的信息技术应用能力培训

一、教师培训中的两个"怪现象"

信息技术应用能力是新时代高素质教师的核心素养。[1] 极简教育技术是教师信息技术应用能力培训的培训内容之一,我们可以在大范围的教师信息技术应用能力培训中去思考极简教育技术教师培训的目的和设计方法。

作为一名从事信息化教学研究工作的教研员,我经常参加各地教师信息技术应用能力培训班教学,也经常组织本地各类教师信息技术应用能力培训班。在参加与组织各类培训的过程中,始终萦绕在我脑中的一个问题是:教师需要什么样的信息技术应用能力培训?

久而久之,我发现在教师培训的过程中存在两个"怪现象",也是教师信息技术应用能力培训中的难题。

1. 教师往往不喜欢理论而喜欢技术

即使理论是支撑如何利用技术的基础,有时候理论讲座也非常精彩,但与听讲座时"满怀激情"形成鲜明对比的是,绝大部分教师听完以后回到工作岗位上依然踌躇不前。

2. 教师往往不喜欢复杂的技术而喜欢小应用

教师喜欢能解决他们在工作中遇到实际问题的小应用而不喜欢"高大上"的复杂技术,虽然复杂的技术解决问题更彻底,但是小应用更容易掌握,能更高效地解决实际问题。

这两个"怪现象"让我开始思考"教师培训的目的是什么"这一问题,我首先想到了软件研发中常用的一个词——"用户体验"。用户体验是指用户使用产品或享

---

[1] 中华人民共和国教育部. 关于实施全国中小学教师信息技术应用能力提升工程2.0的意见[EB/OL]. (2019-04-02)[2021-01-28]. http://www.moe.gov.cn/srcsite/A10/s7034/201904/t20190402_376493.html.

受服务的过程中所获得的认知和情感,包括对产品属性的认知(如功能全面、设计新颖等)和情绪上的变化(如满意、愉悦等)。①虽然用户体验的含义接近想要的答案,但总感觉有一丝遗憾,仍不是理想中的答案。2020 年,在黎加厚教授的指导下,我找到了理想的答案——"获得感"。

二、获得感是教师培训的目标和评价标准

"获得感"中的"获得",是一个动词,具有得到、取得的含义;"感"是一个名词,具有感触、感受、感觉、情感的含义。"获得感"可以理解为人的物质与精神层面需求得到满足以后产生的一种满足感,它强调一种基于真实需求满足的实实在在的"得到"。2015 年 2 月,习近平总书记在中央全面深化改革委员会第十次会议上首次提出了"让人民群众有更多获得感","获得感"一词由此迅速流行,且使用范围多用以指人民群众共享改革成果的幸福感。2018 年 1 月,时任教育部陈宝生部长在全国教育工作会议上的讲话中提出要"提升教师获得感、幸福感和荣誉感"。② 2020 年 10 月,时任教育部教师工作司任友群司长在中国教育报撰文指出要"出真招、见实效,推动党中央关于教师队伍建设的一系列要求落地见效,实实在在提升广大教师的获得感",并提出"以新技术运用助推教师队伍建设"等四种提升教师获得感的新思路、新举措。③

教师信息技术应用能力培训获得感,是指教师信息技术应用能力提升需求得到满足并真正感受到新技术对自己的工作生活带来帮助后产生的一种满足感。④ 让每一位教师都有高获得感是所有教师信息技术应用能力培训的目标和评判标准,同样也是所有教师培训的目标和评判标准。

三、高获得感教师信息技术应用能力培训的特点

1. 强调培训的实用性

中国电化教育发端于 1915 年,中国电化教育的奠基人南国农先生将中国电化教育发展历程分为四个阶段:中国早期的电化教育(1915—1945)、中华人民共和国初期的电化教育(1949—1978)、电化教育重新起步全面发展阶段(1978—

---

① 梁凯华. 教师"整合"适应性专长及其发展研究——基于虚拟实验类教学资源价值的视角[D]. 长春:东北师范大学,2013.
② 陈宝生. 在全国教育工作会议上的讲话[EB/OL]. (2018-02-06)[2021-1-28]. http://www.moe.gov.cn/jyb_xwfb/moe_176/201802/t20180206_326931.html.
③ 任友群. 细耕新时代教师队伍建设"责任田"[N]. 中国教育报,2020-10-28(2).
④ 梁凯华,黎加厚. 极简培训:提升教师获得感的信息技术应用能力培训新方式[J]. 电化教育研究,2021,42(4):122-128.

2010)、信息化教育阶段(2010年起)。① 中国电化教育在发展的每一阶段,均十分重视在教育教学实践中实现现代教育思想、理论与现代教育技术两者的真正融合②,注重利用信息技术解决教育教学实践中的重点与难点问题,注重利用信息技术支撑教育教学创新,注重利用信息技术促进师生发展,并始终坚持立足中国教育发展的实际来开展电化教育的研究与实践。因此,实用性一直是中国电化教育的显著特征,也是中国电化教育领域各类研究、实践的显著特征。

2. 强调培训的实战性

新型冠状病毒肺炎感染防控期间,师生居家,基于网络的在线教学成为唯一选择,很多教师在面临在线教学挑战时显得手足无措、十分焦虑,这将多年来所开展的教师信息技术应用能力培训缺乏实战性的问题凸显出来。各地也迅速行动,组织开展各类在线教学技能培训、案例分享等活动。在这种情况下,边学习边实践、边反思边提高,在实战中学习、在学习中提高,成为中小学教育技术应用最现实、最有效的推广路径③,最终实现大规模的在线教学。培训的实战性就是强调培训的内容能用于教学"实战",不是"花拳绣腿"式的"套路",而是实实在在地"得到",让教师学了就能用、用了就能解决问题。培训实战性能有效提升教师面临风险和危机中的"数字韧性",提升教师适应不断变化的外部空间的能力④,促进全体教师向信息化教学适应性专家型教师发展,在面临复杂的教学情境和突发的状况时依然能有效解决问题。现在,实战性成为有效提升教师信息技术应用能力培训获得感的显著特征,教师使用工具应符合适度性、精准性、简单性原则⑤,极简教育技术成为首选。

3. 强调培训的即时性、实境性

教师学习属于成人学习,成人学习与青年学生学习有很大不同,在时间维度上强调从储备式学习转向即时性学习,针对在工作生活中遇到的问题和任务开展时间较短、内容精简的高效学习,即时性学习减少了学习和应用之间的时间间隔,对问题解决具有良好效果;在空间维度上强调从离境学习(离开实际工作情境的学习)转向实境学习(在工作的实际情境中学习)。⑥ 因此,具有高获得感的教师信息技术应用能力培训应该结合教师开展信息化教学过程中的备课、上课、批改作业、班级管理、听评课等日常教学事务,在实际的信息化教学情境中开展即时性培训,提高教师信息化教学能力,从而将新技术在教育教学中的运用融入教

---

①② 黎加厚,鲍贤清. 现代极简教育技术[M]. 北京:北京师范大学出版社,2020.
③ 张志勇. 居家学习,教育该补哪些短板[N]. 中国教育报,2020-03-10(4).
④ 祝智庭,沈书生. 数字韧性教育:赋能学生在日益复杂世界中幸福成长[J]. 现代远程教育研究,2020,32(4):3-10.
⑤ 李芒,张华阳. 抗疫之中话教学[J]. 中国电化教育,2020(4):8-15.
⑥ 闫寒冰,苗冬玲,单俊豪,等. "互联网+"时代教师信息技术能力培训的方向与路径[J]. 中国远程教育,2019(1):1-8.

师专业发展的核心素养中，转化为每一位教师的日常教学行为。

2018年4月，教育部发布《教育信息化2.0行动计划》，明确提出中国教育信息化在中国特色社会主义进入新时代之时也进入2.0时代。教育信息化2.0时代，呼唤更多具有实用性、实战性、即时性、实境性特点的，能提高教师获得感的新型培训方式，帮助教师快速提升信息化教学胜任力。基于鄂尔多斯市的长期探索实践，在黎加厚教授的指导下，我们提出了提升教师获得感的信息技术应用能力培训新方式——极简培训。

模块二

极简培训的定义

一、从极简教育技术到"闪训"，再到极简培训

每次准备培训课件的过程中，我都会去黎加厚教授、焦建利教授的博客以及各类微信公众号中寻找一些灵感和前沿内容。2017年的一天，我在黎加厚教授的博客"东行记"上看到了一篇文章《什么是"极简教育技术"》，这篇文章是黎加厚教授为上海市七宝中学马九克老师出版的系列丛书《马九克极简教育技术丛书》撰写的序言，也是第一次在公开出版物上提出"极简教育技术"的概念，黎加厚教授在马九克老师的新书出版之前将这篇文章放在了自己的博客中。这是我第一次接触"极简教育技术"概念，从此结下了不解之缘。

黎加厚教授提出的"极简教育技术"以及其所具有的掌握简便、解决问题、提高效率三个特点，正是我一直努力寻找的教师信息技术应用能力培训的突破口，"极简教育技术"让我有一种"山重水复疑无路，柳暗花明又一村"的感觉。我开始将"极简教育技术"的理念和内容融入各类培训教学中，并不断进行内容丰富。此外，我还在微信公众号"鄂尔多斯市教育信息化"中开辟"每日一技"专栏，邀请鄂尔多斯市信息化教学的优秀教师撰写介绍各类"极简教育技术"的文章，系列文章受到内蒙古自治区、浙江省、四川省等教师的欢迎，微信公众号也开始受到黎加厚教授等一批知名专家学者的关注。

2018年，我到鄂尔多斯市康巴什区的一所中学给教师们讲解能用在教学中的各类极简教育技术，由于各年级各学科教师难以集中，组织者安排了两场内容一样的培训，很多教师第一场学习完不愿离去，又继续参加第二场重新学习了一遍，这给我留下了深刻的印象，也直接说明教师们对极简教育技术的喜爱程度。由于极简教育技术的内容众多，很难通过短时间的一两场培训覆盖全，我就鼓励信息技术教师和学科教师，主动发现能用在自己教学中的极简教育技术，作为主讲人积极分享给其他教师，形成全校教师共同提升信息技术应用能力的良好氛围。

过了一段时间，这所学校的培训组织者兴奋地给我打电话说，他们学校的每一位教师都掌握了很多极简教育技术，同时她们还根据各年级各学科教师难以集中的实际情况，将培训化整为零，在学校的各种场合、各种活动中"见缝插针"式地开展3~10分钟的培训，让学科教师分享自己新发现的极简教育技术和信息化教学经验，这种培训活动具有"短小精悍"的特点，他们形象地将这种培训方式称为"闪训"。通过"闪训"活动，这所学校的教师能在短时间内极大地提升信息技术应用能力，极简教育技术融入各学科的每一堂课和教师日常办公之中，学校的信息化水平显著提升。

下面是这所学校开展"闪训"的两个场景。

场景1：学校英语教研组开展组内听评课活动，张老师讲授了一节精彩的展示课，在接下来的评课环节之前，利用课间10分钟，教研组长请组内王老师和李老师依次分享极简教育技术。王老师走到讲台上，利用投屏助手将手机屏幕投屏到前面的交互式智能平板(触控一体机)上，分享自己新学到的、好用的3个小程序，她首先将3个小程序分享到组内的微信群，接下来逐个带领大家学习小程序的使用方法。李老师也采用同样的方法与大家分享了两款App。两位老师分享之后，教研组长组织大家开始对张老师的课进行点评。

场景2：上午的课间操时间，除了班主任，其他的老师都没有任务，教务主任组织没有任务的老师到会议室参加培训。由于老师们以往参加的培训次数、形式都太多了，导致大家早就对培训产生了抵触情绪，因为很多的培训用时长，还讲不到重点。老师们一到会议室，主讲老师就告诉大家，此次培训用时不会超过15分钟，大家立刻感觉这次的培训很新颖，激发了学习的兴趣。主讲老师将参加培训的教师分成几个小组，先用3分钟讲完了班级优化大师App的下载、使用、导入信息的方法以及可能会遇到的问题，然后让大家分组开始进行实践。大家从下载软件开始，每次遇到问题，先在组内讨论解决，例如有人问怎样更快更好地导入信息、怎样设置奖项等问题。如果遇到组内无法解决的问题，主讲老师和他的助教就会过来帮助小组解决。最后，大家真的就在短短的时间内解决了几乎所有的问题，只需要回班扫码登录便可以使用。而且，这个过程中，还有人分享了一些创新的用法，让全体老师大开眼界。会后老师们议论纷纷，场面非常热闹，因为大家觉得这次培训不仅没有占用大家过多时间，还很快乐地学习了新的知识。

此后，我不断地在鄂尔多斯市推广"闪训"理念。"极简教育技术"及"闪训"也得到了内蒙古自治区教育信息中心(内蒙古自治区电化教育馆)教育技术研究室张彦春主任、内蒙古师范大学民族教育信息化研究所所长陈梅教授等众多专家的一致肯定，出现在内蒙古自治区各级各类教师信息技术应用能力培训中，迅速在内蒙古自治区"生根发芽"。

2020年10月，在一次与黎加厚教授的微信交谈中，我将鄂尔多斯市的"闪训"实践告诉了他，他对"闪训"实践十分赞赏，建议将"闪训"更名为"快闪教学法"，同时也将"快闪教学法"融入他的一些教师教育信息化培训教学中。2020年11月，在黎加厚教授的指导下，我将"快闪教学法"进一步提炼为适用范围更广的"极简培训"理念，"极简培训"成为一种移动互联时代的新型教学方式，同时与黎加厚教授共同撰写了一篇文章《极简培训：提升教师获得感的信息技术应用能力培训新方式》，发表在《电化教育研究》杂志2021年第4期上。

二、极简培训的定义

极简培训是指在日常学习工作中，采用时间较短、内容极简、方法灵活、情境真实，能够有效提高学习工作效率和质量的培训方式。[1] 极简培训是极简主义在培训中的具体实践，以学习者获得感为目标和评判标准，强调培训的实用性、实战性、即时性和实境性。极简培训非常适合应用于线下、线上、线下与线上融合的各类教师信息技术应用能力培训中，特别是以极简教育技术为培训内容的培训中。

极简培训强调基于学习者真实需求的快闪式、体验式培训，培训内容具有多元化特征，应用范围不限于教育领域，可以应用到各领域的成人与青少年学习、正式与非正式学习、线上与线下学习中，特别是成人学习和移动互联网环境下的学习。移动互联网环境下的学习强调以学习者为中心，学习方式具有移动化、个性化、碎片化特点，学习内容具有简洁、短小的特点，更加注重学习的高效性，典型的学习活动是移动微型学习。移动微型学习是运用移动设备随时随地进行的一种微型学习，它把学习场所拓展到了更广地域，提高了学习效率。[2] 极简培训产生于极简教育技术的"快闪"式培训实践中，充分继承了移动互联网以人为本、心至极简、实用为上的理念，可以应用到移动互联网环境下的学习中，特别是移动微型学习中。

极简培训也可以融合到学校教育的各类活动中，利用3～30分钟时间开展快闪式的培训或者成果分享。以学校为例，在以教师为主的会议、教研活动、党建活动、主题研讨等各类活动的活动前、活动中或活动后，利用3～30分钟时间，请1～3名教师结合自身体验，以经验分享的形式分享学习成果或特定学习内容，开展快闪式的培训；在以学生为主的各类课间活动、课前活动或者线上活动中，可以开展寓教于乐的各类快闪式的经验与成果分享活动，如创意课间操、排舞、作品展览、学习经验分享等。

---

[1] 梁凯华，黎加厚. 极简培训：提升教师获得感的信息技术应用能力培训新方式[J]. 电化教育研究，2021，42(4)：122-128.

[2] 陈维维，李艺. 移动微型学习的内涵和结构[J]. 中国电化教育，2008(9)：16-19.

模块三

极简培训的理论基础

一、体验式教学与体验式培训

体验式教学一般指教师通过精心设计的活动，引导学生用亲身体验去感知、理解、感悟、验证教学内容的一种教学方法，强调体验、实践、环境和经历。体验式培训是指受训者通过在真实或模拟情境中参加由培训教师精心设计和组织的活动，获得亲身体验和感受，并通过团队成员之间的交流、共享，以及不断地观察和反思，提升认识，总结成果，且将这些成果应用到实践中的一种培训方式。① 体验式培训是一种"做中学"的学习方式，把学习者"听—看—做"的思维与行动结合在一起，以学习者的学习需求为中心，以具体活动为背景，以实际应用为目的，注重亲身体验的过程，强调学员间的充分交流、协作，在具体情境中建构知识、增进技能，提高学员解决实际问题的能力。② 体验式教学和体验式培训均强调以学习者的需求为核心，让学习者在真实或模拟情境中获得亲身体验或感受，通过交流、共享、观察、反思提升学习效果，极简培训是体验式教学在移动互联时代的培训中的具体实践和进一步发展，极简培训不仅强调引入、创设或模拟真实情境开展教学，更注重在短时间内完成的群体性的学习活动。

二、心理学短时记忆的"米勒—考恩定律"

1956年，美国心理学家米勒（George A. Miller）发表论文《神奇的数字7，加减2》，他通过心理学测试发现人的短时记忆容量为7±2个单元组块，信息组块的数量7对于即时记忆是恒定的，而与每个组块内部的信息位数无关。2001年，

---

① 任长江."体验式培训"为什么能够兴起[J]. 人才瞭望，2004(6)：41-45.
② 谢舒潇，林秀曼，刘冠. 高校教师教育技术体验式培训的设计与实践[J]. 电化教育研究，2013，34(3)：95-100，106.

考恩(Cowan)发表的《短时记忆中的神奇数字 4：对心智存储容量的再思考》研究报告表明，短时记忆容量是 4±1 单位，成年人记忆容量为 2～6 块。[①] 米勒和考恩的关于人的短时记忆容量的研究，为以短时记忆内容为主的极简培训提供了理论支撑，因此极简培训的内容数量以 4～7 个为最佳。

三、极简主义与极简教学

极简主义(Minimalism)是第二次世界大战之后兴起的一个艺术派系，是一种在创作中使用简化设计元素的艺术风格。极简主义的影响最早出现是在绘画领域，它主张把绘画的语言减少到色与形的关系，用极少的色彩与极简的形状描绘画面，将一切不必要的物体抛弃。极简主义作为一种思潮已经深刻影响了各个领域，在信息充盈、工作和生活节奏飞快的今天，它强调的"关注核心需求""少即是多""大道至简"的极简设计理念，已经成为一种移动互联时代的生活、工作方式。

极简教学，主张在探究教学本质中建构尊重和促进学生个体生命自由舒展的课堂生态。极简教学的理念：建构基于生活的对话式课堂，主张教师从繁杂、多元的理念中抽离，立足课程核心，建构基于生活的对话式课堂。针对目前教学没有取舍、没有主线、没有创造的"教教材"现状，极简教学建议教师在充分了解学生、准确把握课程要求的基础上，通过整合，达到教学内容的"精准"，建构主题化教学，提高课堂有效性。极简教学的方式是建构基于互助合作的体验式课堂，主张优化和简约教学手段，建构有意义、有价值、有效果的互助学习机制，强化学生的合作意识与实践体验。

易则易知，简则易从，大道至简，变革非凡。极简培训是极简主义在培训中的具体实践，是高获得感培训的一种理想方式，在培训导向、培训内容、培训组织等方面均体现"极简"的理念。

[①] Cowan, N. The magical number 4 in short-term memory: A reconsideration of mental storage capacity[J]. Behavioral and Brain Sciences，2001，24(1)：97-185.

模块四

极简培训的实施策略

一、培训导向：自定航向

（一）OECD学习罗盘2030

极简培训倡导学习者"自定航向"参与学习。2019年5月，OECD（经济合作与发展组织）发布了学习框架2030的终稿——"学习罗盘2030"（OECD Learning Compass 2030），如图1-1所示，和以往学习框架所采用的对知识和技能细化的惯用方式不同，"学习罗盘2030"将学习框架比作"罗盘"，旨在强调：如何利用知识、技能、态度与价值观，帮助学习者"在陌生环境中自定航向（Navigating Oneself）"。在"学习罗盘2030"中，提到了以下三个重要的预判：能力是知识、技能、态度和价值观的集合；"建构学生主体性，实现人生的自我导航"是面向2030学习的核心；"面向2030的变革能力"是当前核心素养的重中之重。[1] 从整体上看，OECD从不断变化的时代背景和全球面临的挑战出发，提出了更广泛意义上的教育目标——为个人和集体的幸福感。[2] "学习罗盘2030"以人为中心，旨在为每个人的个性化发展提供指南，帮助每个人都能成功地绘制出独一无二的绚丽的人生画卷。"学习罗盘2030"强调学习者为了追求个人和集体的幸福感，在未来越来越复杂而不确定的环境中，必须找到符合自身发展的"航向"，提高自身能力；在不断的预期、行动、反思活动中，提高变革能力，承担责任，协调矛盾困境，创造新的价值，最终实现自我超越。相比以往的学习框架，"自定航向""变革能力""幸福感"是"学习罗盘2030"的关键词。

---

[1] 唐科莉.指引学习迈向2030 OECD发布《学习罗盘2030》[J].上海教育，2019(32)：40-43.
[2] 方向，盛群力.2030学习罗盘：设计未来时代的学习[J].开放学习研究，2020，25(2)：18-26.

图 1-1　OECD 学习罗盘 2030[①]

"学习罗盘 2030"同样适合于教师学习。一系列世界剧变告诉我们：个性化、突发性、复杂性、不确定性将是未来人类社会的常态，教育亦是如此。为了应对未来不断变化的时代背景和面临的挑战，教师应该建立个人追求意识，在充分评估自我情况的基础上，对自身专业发展进行"自定航向"的正确定位，找到符合自己的"学习罗盘"，确定学习目标，开展高获得感的学习，发展变革能力，利用所学知识不断改变教育教学，最终实现个人价值。在开展极简培训的过程中，培训者需要充分满足每个学习者的个性化需求，强调学习者"自定航向"，建构知识，促进自身发展，实实在在提升个人的获得感。

---

① OECD. The OECD Learning Compass 2030[EB/OL]. [2020-11-28]. http://www.oecd.org/education/2030-project/.

(二) 极简教育技术学习罗盘

黎加厚教授提出的极简教育技术的三层模型(图1-2),极大地丰富了极简教育技术的内涵,它涵盖教育信息化的具体技术操作和教学实践、中层方案设计、顶层治理设计。模型的最基础部分是技术层,指导具体的极简技术操作实践,包括各类极简技术的操作使用,以及如何利用极简技术支持教育教学,聚焦解决当前的教学实际问题,如某个小程序的操作和在学科教学中的应用;中间的设计层是极简行动方案设计,关注用极简教育技术思想组织有关教育教学的项目、计划、方法、组织、架构等中观层面的设计;顶端的思想层上升到极简哲学思想导航,用极简教育技术的思想指导教育教学更广泛的领域,如有关教师专业发展和提升教师信息技术能力的极简培训的思想、创意、主张、理论等,都体现和融入极简精神,真正做到"大道至简,实干为要"。

为了帮助教师提升信息化教学胜任力,根据近年来极简教育技术的实践,黎加厚教授提出了"极简教育技术学习罗盘"的学习导航框架,体现了归"1"清"0"的极简思维,如图1-3所示,用于指导教师信息技术应用能力极简培训。"极简教育技术学习罗盘"突出以人为本、至简为纲、设计导向、实干为要的四大极简教育技术支柱理念[1],学习者是学习活动的中心。

A. 思想、创意、主张、理论 —— 思想层 —— 极简哲学思想导航
B. 计划、方法、组织、架构 —— 设计层 —— 极简行动方案设计
C. 行动、操作、制作、做 —— 技术层 —— 极简技术操作实践

图1-2 极简教育技术的三层模型(黎加厚,2021)[2]

1. 归"1"思维

图1-3中的"1"代表教师长远和当下要解决的主要问题,是解决主要问题的"牛鼻子",聚焦自己要做的最重要的目标上的一件事情,围绕自己的目标来学习和运用技术,同时也是真实需求满足时的实实在在的"得到"。例如,你当下最想做的一件事情是什么,最想解决一个什么问题,你最需要一个什么技术的支持,

---

[1] 黎加厚,鲍贤清. 现代极简教育技术[M]. 北京:北京师范大学出版社,2020.
[2] 黎加厚. 现代极简教育技术[R]. 上海:浦东骨干教师网络培训会议,2021-01-25.

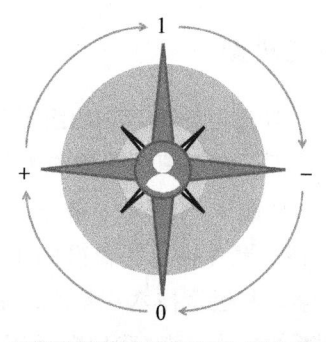

图 1-3 极简教育技术学习罗盘（黎加厚，2020）①

等等。"1"是"自定航向"的学习目标，是当下学习的出发点，同时也是学习的终点，要做到学习以终为始，不忘初心，迭代发展。

2. 减法思维

图中的"－"号代表在学习的过程中做好减法，敢于舍弃与"1"无关的新技术、新设备、新软件，以及纷扰学习和工作的事物，真正做到"断舍离"，确保学习工作达到最理想的清"0"状态。

3. 清"0"思维

图中的"0"代表将"1"之外的其他无关事物尽力清空为0，腾出物理空间、时间空间、物力财力空间、精力空间，将有限的人生资源集中到目标"1"上面，全身心地投入学习活动中。"0"同时也是一种清"0"的心态，教师要革除"满足"心态，让自己回到"求知若饥，虚心若愚"的状态；也是学习中最理想的"空杯"状态，用"空杯"身心去努力实现"1"的目标。学习就好像佛家的"空杯故事"：已经装满的茶杯再也添不进水，只有倒空茶杯清"0"，才有可能再蓄茶水。

4. 加法思维

图中的"＋"号代表要聚焦个人发展的主要矛盾和主要需求，始终瞄准学习目标，将自己的时间、精力和全部资源用于目标"1"上，把"1"做到最好，达到"一点极致"的最佳状态。

为了确保教师信息技术能力培训的质量和效果，教师培训工程项目的组织者可以参考"极简教育技术学习罗盘"，以教师高获得感作为培训目标。这就需要深入了解学习者个体的真实需求，帮助每一位学习者了解自身发展优势，聚焦学习者的"1"，帮助学习者在学习过程中专注学习目标，舍弃无关内容，最终能实实在在地"得到"所需知识和技能，取得理想学习效果。如果无法实现每一个学习者个体都能"自定航向"开展学习，至少应保证同类学习者组成学习共同体，"自定航向"开展学习。

---

① 黎加厚. 未来教师教学胜任力的培养[Z]. 鄂尔多斯：2020 年鄂尔多斯智慧教育云应用培训会，2020.

(三)极简教育技术学习模型

2019—2020年,在鄂尔多斯市电化教育馆的组织下,我们组织和实施面向全市教师的现代极简教育技术培训。在组织教师参加极简培训活动中,我们总结出了"极简教育技术学习模型",如图1-4所示。首先,学习者要明确自己的专业发展最需要哪些方面的技术支持,聚焦自己想做好的1~3件事情,"自定航向"确定目标,围绕自己的目标来学习和运用技术;其次,学习者应果断地转变思考方式,以人的内在需求作为判断依据,思考"我现在用不用这个东西",重点抓住当下在教育教学中需要使用的技术;最后,学习者开展学习,熟练运用技术,学以致用,在教学、办公的问题解决中提高对极简教育技术的理解,最终提高课堂教学效果,促进信息化教学创新。

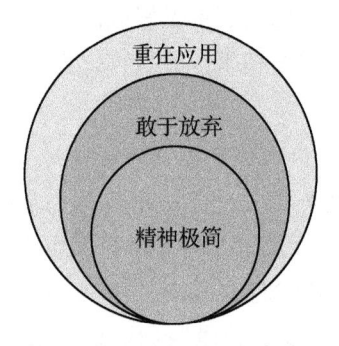

图1-4 极简教育技术学习模型(黎加厚,2020)[①]

二、培训内容:按类按需分层

极简培训倡导从过去统一内容的培训模式,转向按类按需分层培训。"自定航向"的学习方式强调学习者个体的获得感,不同学习者学习需求的差异会导致学习内容和方式的差异较大,极简培训的组织者需要按类按需分层组织培训。组织者首先按照学习者需求"航向",将学习者分成不同类别,每个类别按照学习需求的强烈程度再将培训内容分层,最后按类按需分层组织极简培训。在对培训内容按需分层的过程中,可以采用"教师信息技术应用能力培训分层模型",如图1-5所示。

"教师信息技术应用能力培训分层模型"聚焦现代教师信息化教学胜任力,按

---

① 黎加厚.未来教师教学胜任力的培养[Z].鄂尔多斯:2020年鄂尔多斯智慧教育云应用培训会,2020.

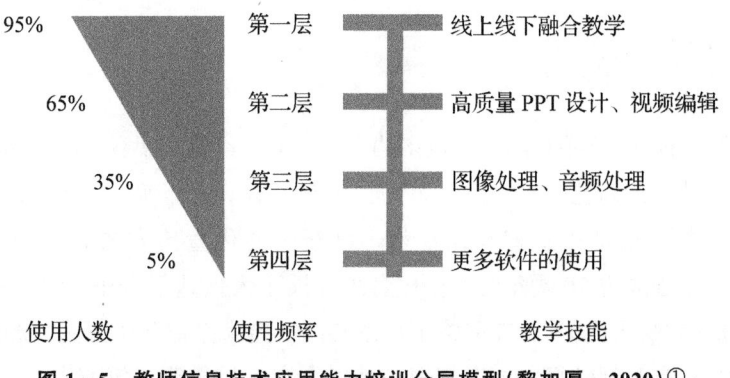

```
95%         第一层      线上线下融合教学
65%         第二层      高质量 PPT 设计、视频编辑
35%         第三层      图像处理、音频处理
 5%         第四层      更多软件的使用

使用人数    使用频率    教学技能
```

图 1-5　教师信息技术应用能力培训分层模型（黎加厚，2020）①

照使用人数、使用频率，将教师开展信息化教学所需使用的软件分成四层。第一层是全体教师最基础的教学技能，包括：线上线下融合教学、远程直播和在线教学管理、信息搜索等；第二层是教师开展日常教学常用到的，很熟悉但是急需进一步提升的教学技能，包括：高质量 PPT 设计，以直播教学和录播教学微课为代表的，让教师的教学更具吸引力的短视频编辑等；第三层是教师开展日常教学常用到的，需要进一步提升的教学技能，包括图像处理、音频处理等；第四层是教师在掌握前三层必备教学技能的基础上，开展学科信息化教学创新所需的教学技能，包括学科教学软件操作、教学数据分析等。需要注意的是，"教师信息技术应用能力培训分层模型"是按照现代教师信息化教学胜任力提升所需必备教学技能的关键程度进行分层的，旨在为组织者开展教师信息技术应用能力培训提供指导，四层使用软件之间没有重要程度之分，层与层之间为依次递进关系，培训由第一层出发，且向第五层、第六层等更高层级延伸。

为了便于开发教师信息技术应用能力培训资源，我们建议采用"培训资源包结构分层"的设计方法，以适应极简培训所需，这类似计算机中文件夹的层级结构：在资源包中，每一层包含介绍本层技术和理论的文章、视频等学习资源，还有一个下一层的文件夹，学习者打开下一层文件夹，才展开第二层的学习资源和并排的一个第三层文件夹；打开第三层文件夹，看到第三层的学习资源和并排的第四层文件夹……以此类推，逐层展开。一般的培训，在第一层，最多第二层即可满足教师的日常教学的常态化教学需要，对于有渴望探究学习更多技术的教师，可以自主深入第三、第四层开展学习。培训资源包的分层设计，逻辑结构清晰，便于"自定航向"的学习者开展自主探究学习，这是极简教育技术关于化繁为简，分层与隐藏简化技巧在培训资源开发中的具体运用。②

---

① 黎加厚. 未来教师教学胜任力的培养[Z]. 鄂尔多斯：2020 年鄂尔多斯智慧教育云应用培训会，2020.

② 黎加厚，鲍贤清. 现代极简教育技术[M]. 北京：北京师范大学出版社，2020.

三、培训方式：快闪式培训

"快闪"一般指"快闪行动"：较多的人相聚同一个地方做统一的舞蹈或者其他指定行动的短暂行为艺术，或以简单的拍摄来记载。近年来，基于"快闪"理念的歌舞、展览等活动越来越普及，成为一种新的文化宣传方式。在2019年庆祝中华人民共和国成立70周年时，全国各地开展了大量基于音乐、舞蹈的"快闪"，制作了大量的"快闪视频"，在网络上广泛传播，给大家留下了深刻的印象。

"快闪"具有时间较短、内容精悍、情景真实、效果明显等特点，上海师范大学黎加厚教授团队在2018年就开始探索将"快闪"引入教师培训和课堂教学中，并提出基于"快闪"的教育技术培训的几项原则：时长5分钟左右；内容极简、实用、易学；学习者参与到培训中，实现做中学。南通大学杏林学院的舞蹈教师将"快闪"引入排舞教学，开展任务驱动式教学，让学生以排舞"快闪"表演的形式汇报学习成果。[1] 除前文中的"快闪"式培训外，一些教师还组织学生开展了"快闪"式学习，如课前，开展"课前3分钟"活动，学生进行演讲、口语对话、知识复习，或者教师进行个别辅导、作业点评等；课间，教师与学生开展寓教于乐的创意课间舞蹈、创意课间操等；学生基于微课进行微型学习，学习时间较短、学习内容简洁。

极简培训倡导采用快闪教学法开展培训。快闪教学法是指教师根据教学目标，创设或模拟一种真实情境，让学习者在较短的时间积极参与的群体性学习活动，通过学习者的参与式、体验式、快闪式学习和群体互动交流，从而获得知识建构、技能提升、问题解决、情感共鸣。[2]

相比其他的教学方法，快闪教学法具有以下六个特点：教学时间较短，时间一般为3~30分钟；教学内容极简，围绕学习者核心需求确定一个主题，内容数量少而精，根据心理学短时记忆的"米勒—考恩定律"，一般为4~7个；教学方式快闪，教学以"快闪"的方式在短时间内完成，学习者获得丰富的体验；教学情境真实，通过引入、创设或模拟等方法，在真实的情境中开展教学；教学形式统一，快闪教学是一种有组织的教学，全体学习者的教学形式相对统一；教学效果明显，具有较强的感染力，能引发学习者深度思考，有效促进学习者理解知识，令学习者具有很高获得感。

快闪教学法来自中小学开展以极简教育技术为内容的极简培训实践，这是鄂

---

[1] 史艳超.排舞"快闪"教学应用对学生学习能力的培养——以南通大学杏林学院为例[J].艺术大观，2020(13)：110-111.

[2] 梁凯华，黎加厚.极简培训：提升教师获得感的信息技术应用能力培训新方式[J].电化教育研究，2021，42(4)：122-128.

尔多斯市的学校和教师们在实践中创造出来的一种新型培训方式。极简培训的"自定航向"策略和"按类按需分层培训"策略有效解决了学校各学科教师因课时差异难以参加集中培训的难题,通过按类按需将参训教师与培训内容进行分层,再利用快闪教学法快速、有效地实施教师信息技术应用能力极简培训,可以有效提升教师获得感,如图1-6所示。

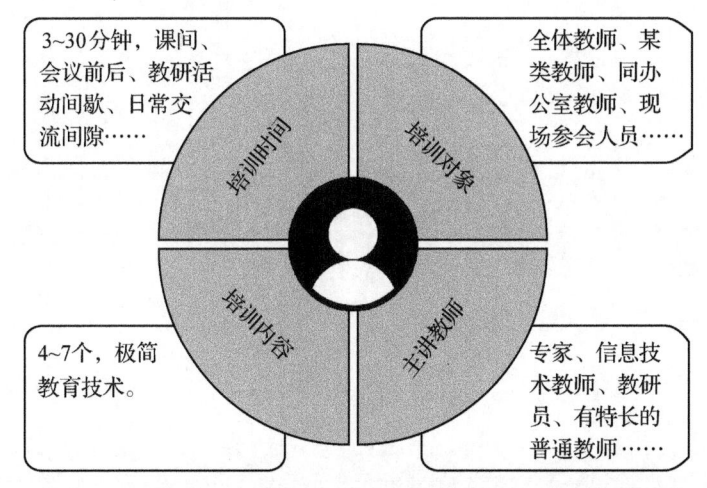

图1-6 基于快闪教学法的教师信息技术应用能力极简培训[①]

(1)培训时间:见缝插针式地确定培训时间,时长以3～30分钟为宜,可以安排在课间、会议前后、教研活动间歇、日常交流间隙等。极简培训对培训时间没有特定的要求,可以在任何时间开展培训活动。

(2)培训对象:按类确定培训对象,可以是全体教师、某一类的教师(如同学科组教师、班主任、校领导、后勤人员等)、同办公室教师以及某个会议的现场参会人员。极简培训具有"短小精悍"的特点,对培训对象的身份、数量没有特定的要求,可以"因地制宜"确定培训对象。

(3)主讲教师:实施极简培训的初始阶段,可以请有经验的专家、教研员、信息技术教师作为主讲教师。随着极简培训的深入,可以请在某一方面有自己特长的普通教师作为主讲教师。极简培训倡导学习者之间相互分享、相互学习,让每一位学习者都有机会成为主讲教师,分享自身的学习成果,从而构建学习共同体。

(4)培训内容:按需确定分层培训内容,一般选择极简教育技术,每一次针对某一层的部分内容进行培训。培训内容数量以4～7个为最佳。

---

① 梁凯华,黎加厚. 极简培训:提升教师获得感的信息技术应用能力培训新方式[J]. 电化教育研究,2021,42(4):122-128.

第二部分
66个极简教育技术教师培训活动

在本部分，共有 66 个极简教育技术教师培训活动，分为"相互认识，形成小组""收集数据，分析数据""学会观察，学会访谈""问题解决，展示交流""相互评价，自我反思""以赛促学，开拓思维""未来已来，体验 AI" 7 类，涵盖了常见的教师培训类型，并突出了新技术的应用。

每一个培训活动，都是从组织者的角度进行描述的，由活动目标、活动时间、活动简介、活动步骤、活动资源、活动提示和极简教育技术 7 个部分组成，以高获得感为目标，力求创建一种即时性、实境性的培训场景，注重实用性、实战性、新颖性、趣味性、技术性、极简性的有机融合，具有较强的可操作性。66 个培训活动共采用 75 种教师常用的极简教育技术，基本涵盖了教师常用的通用型极简教育技术。

每一个培训活动，都可以用于在校学生、职前教师、在职教师、培训机构教师，甚至是企业员工的培训中。极简的活动形式，让每一个活动既可以单独开展，又可以多个活动组合开展，还可以与各类培训、会议、拓展训练等活动融合在一起，活动开展的方式更加灵活、活动应用的场景更加丰富。

模块一

相互认识，形成小组

从本模块开始将为大家带来全新模式的培训体验，让学习者在短时间内通过极简教育技术手段快速形成小组，相互熟悉起来；以极简教育技术为支撑的趣味性活动，促进培训现场学习者小组合作学习；以极简游戏活动促进学习者身心放松，让现场活跃起来为后面的培训注入活力。

一、一起出发 >>>>>>>

【活动目标】

(1)学习者相互认识，了解彼此。

(2)学习者体验在线表格收集数据的便捷性。

【活动时间】

15分钟。

【活动简介】

参加培训活动的学习者来自不同的地方，彼此之间相互陌生不了解。为了打破僵局，化解彼此之间的陌生隔阂，组织者现场组建面对面微信群，提前设计10个较为活跃的问题，让学习者使用协同在线填写表格，分享到微信群里，然后让学习者自主选择一个问题并在问题后填写自己的名字。填写结束后，组织者请会场全体学习者对照表格自主寻找相同问题的伙伴，找到后进行自我介绍认识并握手，让现场气氛快速活跃起来。

【活动步骤】

(1)组织者现场面对面组建微信群，请所有学习者现场加入。

将提前设计好的"相互认识了解"协同在线表格共享到微信群里。

(2)学习者在表格中选择自己感兴趣的问题，并在对应的问题后面填上自己的名字(每个问题4～6人为宜)。

(3)协同填写结束后，组织者请会场全体参会人员自主寻找与自己选择相同问题的人进行自我介绍、握手相互认识，交流为什么选择这个问题。

(4)组织者为前三组完成交流认识任务的学习者颁发小奖品，并邀请其中一组上台与大家分享认识过程。

【活动资源】

"相互认识了解"协同在线表格，一般包含姓名、工作单位、兴趣爱好、对本次培训的期待等信息。

【活动提示】

协同在线填写表格，可以有效提高数据的收集与处理，广泛地应用于日常办公、班级管理场景中。目前使用较多的协同在线表格有腾讯文档、金山文档、石墨文档、钉钉文档等，组织者可以根据自己的需求进行选择。

【极简教育技术】

"腾讯文档"小程序。

(1)简介："腾讯文档"一款高效收集处理数据的在线文档工具，支持多人同时编辑，支持导入微信聊天记录中的表格，也可将制作好的表格转发到微信群或好友。可一键转为收集表，提供数据验证、条件格式、筛选排序、200多种函数及常用图表等多种专业功能，助力信息和数据的高效收集。

(2)获取方法：打开手机微信，单击微信主页右上方的搜索标志，在搜索框中输入"腾讯文档"，出现相应内容后，单击进入小程序。

(3)操作方法：打开"腾讯文档"小程序，单击"腾讯文档"界面中蓝色加号，选择"在线表格"进行数据表格创建，单击右上角分享按钮进行快捷设计选择"所有人可编辑"，分享到微信或发送到计算机，收到在线编辑表格人员单击链接打开在线填写。

二、寻找另一半

【活动目标】

(1)学习者相互了解彼此的基本情况。

(2)学习者能够列举本活动的扩展性用法。

【活动时间】

15分钟。

【活动简介】

组织者会前准备若干图片(如动物、建筑、美景等)，用剪刀裁剪为任意两半，然后将所有图片混合在一起打乱。在组织者入场时每人随机抽取一张图纸，请学习者在会场中找到自己所持图纸的另一半，相互交流认识，利用微信小程序"Canva可画"为对方制作个性电子名片，最后请学习者分享展示交流。

【活动步骤】

(1)学习者入场时每人随机抽取半张图片。活动开始前，组织者告知大家在会场中找到持有自己所持图片另外一半的学习者。

(2)组织者介绍"Canva可画"小程序的操作方法。

(3)学习者找到另一半后进行自我介绍，主要沟通姓名、单位、爱好、特长、喜欢的名言、喜欢的名人、对本次培训学习的期待等，相互了解彼此。

(4)使用"Canva可画"小程序给对方制作一张个性化的电子名片(在制作过程中不与本人交流，制作完成后不让本人观看作品)。

(5)组织者选择作品进行展示分享，在展示完后，让本人做出点评，其他人补充点评，给予奖励。

【活动资源】

纸质图片(如动物、建筑、美景等)。

【活动提示】

(1)本活动使大家走动起来，放松自己的身体，而且可以锻炼学习者的提问、倾听和记录的能力。

(2)组织者要把控好时间，不宜拖太久。如果人数较少，可全员参与分享，人数多的时候可以使用"抽签助手"小程序选择一部分教师分享。

【极简教育技术】

一是"Canva可画"小程序。

(1)简介："Canva可画"是一款方便易用的在线电子名片设计工具。提供了海量的免费电子名片模板，覆盖绝大多数品类与场景，只需选择喜欢的模板进行制作，即可轻松在线设计出一张精美的个性电子名片。

(2)获取方法：打开手机微信，单击微信主页右上方的搜索标志，在搜索框中输入"Canva可画"，出现相应内容后，单击进入小程序。

(3)操作方法：打开手机微信"Canva可画"小程序，使用微信注册账号并登录，在创建设计中选择"电子名片"，可以选"新建设计"新建电子名片，也可以选择系统给出的模板进行快速设计，全部完成后单击右上角的"保存"，即可将电子名片保存在手机中。

二是"抽签助手"小程序。

(1)简介：可以快速发起抽签、分组、分工、抽奖等活动。

(2)获取方法：打开手机微信，单击微信主页右上方的搜索标志，在搜索框中输入"抽签助手"，出现相应内容后，单击进入小程序。

(3)操作方法：打开手机微信"抽签助手"小程序，使用微信注册账号并登录，选择"创建抽签"，填写抽签标题、活动描述、添加与活动相关的图片、设置抽签选项或抽签次数、截止日期、每人可参与次数等内容，单击确定分享给好友或生成海报，抽签结束可以导出记录。

三、发现"紫牛"

【活动目标】

(1)学习者相互介绍，增进彼此了解。

(2)学习者发现自己和他人的长处。

(3)学习者掌握"发现'紫牛'"活动的组织方法。

【活动时间】

20 分钟。

【活动简介】

《紫牛》是一本出版于 2009 年的图书，作者是前雅虎营销副总裁赛斯·高汀(Seth Godin)。一天，当赛斯·高汀和家人一起驱车穿越法国，看到一群群好像从童话中走出来的奶牛时，他激动不已，但是当这些黑白花的奶牛一次次反复出现时，他很快就熟视无睹，甚至厌烦了。他想，如果这个时候路边出现一头紫色的奶牛，那么大家的眼睛肯定会为之一亮。"紫牛"理念最早应用于市场营销领域，具有生命力的产品或服务应该像黑白奶牛群中冒出的紫牛一样，让人眼前一亮——只有拥有与众不同的产品或者创意，企业才能在市场中处于领跑者的地位，才能取得非同凡响的业绩。

"紫牛"理念同样适合于个人的自我提升，如果你不希望在市场中成为一头默默无闻的奶牛，而是成为受众人瞩目的"紫牛"，你就得发现自己的长处并不断发展它。通过不断努力，提供充足的养分喂养自己的"紫牛"，让自己更加优秀。

【活动步骤】

(1)组织者介绍紫牛理念，介绍"ProcessOn"小程序的操作方法。

(2)学习者两人一组，相互介绍、相互讨论：我的"紫牛"是什么？我的学生有哪些"紫牛"？利用"ProcessOn"小程序将自己和学生的"紫牛"记录下来。

(3)学习者向大家介绍自己和学生的"紫牛"。

(4)全体讨论：哪些"紫牛"能够促进我的教学？如何发现和培养学生的"紫牛"？学习者将讨论结果记录在"ProcessOn"小程序中。

【活动资源】

无。

【活动提示】

(1)本活动需要所有学习者通过反思与总结，发现自己和学生的优点，促进学习者更加客观地评价自己和学生。

(2)如果人数较少，可全员参与分享，人数多的时候可以使用"抽签助手"小程序选择一部分教师分享。

【极简教育技术】

"ProcessOn"小程序。

(1)简介:"ProcessOn"是一款在线作图工具,支持绘制思维导图、流程图、UML、网络拓扑图、组织结构图、原型图、时间轴等,支持多人协作编辑。

(2)获取方法:打开手机微信,单击微信主页右上方的搜索标志,在搜索框中输入"ProcessOn",出现相应内容后,单击进入小程序。

(3)操作方法:打开手机微信"ProcessOn"小程序,使用微信注册账号并登录,单击个人界面右下角的蓝色"＋"圆点,选择"思维导图"或"从模板新建"中单击思维导图进行头脑风暴记录。

四、交友广告

【活动目标】

(1)学习相互认识,组建小组。

(2)体验多人同时在线编辑文档的便捷性。

【活动时间】

15分钟。

【活动简介】

组织者在活动开始前利用在线文档创建"交友广告"表格,学习者现场进行填写,通过"交友广告"表格了解彼此,选择自己喜欢的朋友,在现场找到对方,交流沟通组成小组,直到形成4～6人规模的学习小组。

【活动步骤】

(1)组织者在活动开始前利用在线文档创建"交友广告"表格,设置为可多人在线编辑并转换成二维码打印在纸张上。

(2)学习者入会前扫码填写"交友广告"表格。

(3)组织者宣布各位学习者利用"交友广告"表格了解彼此,现场寻找列表中的朋友,找到后交流沟通形成两人小组。

(4)形成两人组后一起根据"交友广告"列表寻找其他成员,直到形成4～6人规模的学习小组为止。

(5)组织者请"交友"最快的小组进行交流展示,介绍小组形成的过程及交友经验。

【活动资源】

"交友广告"电子表格,表格包含两部分内容:一是个人情况介绍,包括姓名、性别、单位、学科、教育背景、职业培训、兴趣及其他特长等;二是希望交到的新朋友的情况，包括学科、兴趣、爱好等。

【活动提示】

(1)可以在活动开始前，将从报纸上裁剪下来的真实交友广告张贴在墙上以激发学习者的积极性。

(2)最后如果有没征到朋友的学习者，请其自主选择加入某小组，或请各小组向其发出邀请。

【极简教育技术】

"金山文档"小程序。

(1)简介："金山文档"是一款多人协作编辑的在线文档工具，支持多人同时协作编辑，设置文档编辑权限，指定可协作人，设置使用权限、文档查看期限，以及查看次数等控制方式。支持导入微信聊天记录中的表格，也可将制作好的表格转发到微信群或好友。

(2)获取方法：打开手机微信，单击微信主页右上方的搜索标志，在搜索框中输入"金山文档"，出现相应内容后，单击进入小程序。

(3)操作方法：打开手机微信"金山文档"小程序，单击"金山文档"界面右下方的加号按钮，选择"创建表格—新建空白表格"进行表格创建，编辑完成后单击右上角"分享"按钮进行链接权限、链接有效期等设置，分享到微信或发送到计算机，收到在线表格的人单击链接打开表格即可在线编辑。

五、十二生肖

【活动目标】

(1)学习者相互认识，组建小组。

(2)营造一种轻松、愉快的氛围。

【活动时间】

15分钟。

【活动简介】

活动前，组织者给每位学习者发一张生肖图片。活动中，学习者根据手中的生肖图片寻找组员，并在寻找过程中动作模仿自己手中生肖的动作、声音，最终找到与自己持有相同生肖的学习者组成小组。组成小组后，组员讨论小组名称(名称需要包含生肖名)，随后各小组使用"字说"App录制不超过一分钟的小组介绍视频，转发分享。

【活动步骤】

(1)组织者给每位学习者发一张生肖图片(每个生肖的图片数量一般为4~6张，便于组成4~6人规模的小组)。

(2)组织者介绍"字说"App的操作方法。

(3)学习者根据手中的生肖图片寻找与自己持有相同生肖的学习者，组成小组，并在寻找过程中动作模仿自己手中生肖的动作、声音。

(4)学习者找到同组组员后，排成一队继续模仿自己手中生肖的动作、声音，仔细观察聆听其他学习者的动作与声音模仿者，以找到其他组员。

(5)当所有学习者都找到自己的小组后，组织者请每个小组模仿本小组所代表的生肖动作与叫声。

(6)学习者分组落座后为自己的小组起一个名字、学习目标和学习口号，要求小组名字中要包含本小组所代表的生肖。

(7)各小组使用"字说"App录制不超过一分钟的小组介绍视频。

(8)组织者邀请各小组展示分享视频。

【活动资源】

十二生肖图片。

【活动提示】

(1)注意提醒学习者不可以直接拿着图片找伙伴，不可以直接说出自己要找的生肖。

(2)当各组成员集体模仿生肖时，可以鼓励他们细致地模仿生肖动物的动作与叫声。

【极简教育技术】

"字说"App。

(1)简介："字说"是一款可以制作文字动画视频的工具，通过语音识别将视频、声音的文字识别出来，可以快速生成动画视频。

(2)获取方法：打开手机自带的应用商店，搜索"字说"App，出现相应内容后单击下载安装，注册登录即可使用。

(3)操作方法：打开"字说"App，使用手机号码注册账号并登录，单击"创建"按钮，选择"录音识别"或"本地导入"单击录制按钮开始录制，修改识别文字中的错别字及其他个性化设置完成后单击"下一步"，单击"保存到本地"，即可完成视频制作。需要注意的是"字说"App的部分功能是收费的。

六、对口令

【活动目标】

(1)学习者相互认识，组建小组。

(2)学习者体验基于极简教育技术分组的便捷性。

【活动时间】

3分钟。

【活动简介】

借助"云分组"小程序，组织者可以快速按照男女比例平均、随机、按现场座位顺序、人工等方式对学习者进行分组，学习者在"云分组"小程序中输入分组口令即可完成分组。

【活动步骤】

(1)组织者在"云分组"小程序中创建分组活动，将分组口令分享给学习者。

(2)学习者打开"云分组"小程序，输入分组口令，填写个人信息提交完成分组。

(3)学习者根据分组结果找到自己的小组进行交流讨论。

【活动资源】

无。

【活动提示】

(1)组织者需要提前了解学习者的基本情况，以便提前确定分组方式、活动主题及组数等分组信息。

(2)本活动分组方式灵活、速度快，可以应用到培训、会议等各类活动需要分组讨论的环节。

【极简教育技术】

"云分组"小程序。

(1)简介："云分组"是一款快速分组的工具，支持按照男女比例平均、随机、按现场座位顺序、人工等方式进行分组，使用场景丰富，操作简单。

(2)获取方法：打开手机微信，单击微信主页右上方的搜索标志，在搜索框中输入"云分组"，出现"云分组"小程序后单击进入，开始"云分组小程序"。

(3)操作方法：打开手机微信"云分组"小程序，使用微信注册账号并登录，单击"创建分组—新建分组"，选择分组方式并确定，填写分组主题、组数、用户需要填写的信息等内容，全部完成后单击"生成分组"，将分组口令分享给学习者。学习者打开"云分组"小程序，在首页输入分组口令后即可完成分组。

七、你演我猜

【活动目标】

(1)让已经相识的学习者彼此变得更加熟悉。

(2)营造一种轻松、愉快的氛围。

【活动时间】

10 分钟。

【活动简介】

"你演我猜"是常见的互动游戏，可以随时随地都可以进行，活动可以令学习者彼此变得更加熟悉，集中学习者注意力，活跃现场气氛。好的表演题目是本活动成功的关键，借助"疯狂你演我猜"App 中丰富的题目，可以快速开展本活动。

【活动步骤】

(1)组织者将手机屏幕投屏至主席台大屏幕中，让全体学习者可以看到。

(2)组织者展示你演我猜游戏活动视频，介绍活动规则和"疯狂你演我猜"App 的操作方法。

(3)组织者请两位学习者上台参与游戏，一人利用手机展示表演题目并猜词，一人表演。

(4)台上两位学习者开始活动。

(5)进行一轮游戏后，所有学习者自由组合，借助"疯狂你演我猜"App 开展活动。

(6)组织者进行活动总结，给获胜小组发放奖品。

【活动资源】

你演我猜游戏活动视频

【活动提示】

(1)本活动适合在各类活动间隙开展，帮助学习者放松心情，促进交流。

(2)本活动中，表演者需要通过动作与声音相结合的形式进行表演，不能说出包含所猜词中的任何一个字(读音相同亦不可)，不能说拼音或英文单词。在一分钟内猜对词语数量最多的获胜。每轮活动最多只能跳过 3 个词语。

(3)本活动可以在两人之间进行，也可以在小组内多人之间进行活动，从而让小组成员之间活跃起来。

【极简教育技术】

"疯狂你演我猜"App。

(1)简介："疯狂你演我猜"一款互动性猜词游戏 App。在有时间限制的情况下，一人举着手机，让对方看到词语，然后通过对方的形容和动作来猜测该词。词语分为多个主题，操作简单，具有很强的互动性。

(2)获取方法：打开手机自带的应用商店，搜索"疯狂你演我猜"，出现"疯狂你演我猜"App 后单击下载安装，注册登录即可使用。

(3)操作方法：打开"疯狂你演我猜"App，选择所猜词语主题，然后选择"时长"单击"开始"，将屏幕对准同伴即开始，手机向同伴方向倾斜为"正确"，手机向自己方向倾斜为"跳过"，直到游戏结束猜对词语多者为获胜方。

八、猜歌达人

【活动目标】

(1)所有的学习者都活跃起来。

(2)学习者改变自己的注意焦点，更加放松。

【活动时间】

10分钟。

【活动简介】

本活动为益智型音乐活动。借助"猜歌达人"小程序，每个学习者可以在现场游戏体验，组织者可以快速改变学习者的注意焦点，让所有的学习者都活跃起来。

【活动步骤】

(1)组织者将手机屏幕同屏至主席台大屏幕中，让全体学习者可以看到。

(2)组织者宣布中场休息，一次猜歌来缓解疲劳。

(3)组织者现场使用"猜歌达人"小程序播放一段音乐，请现场学习者猜歌名，为回答正确且积极的学习者发放奖品。

(4)重复第三步，直至休息时间到。

【活动资源】

无。

【活动提示】

(1)本活动可以在培训或会议前热场使用，用于快速提升现场气氛，也可以在培训或会议中场放松休息时使用。

(2)本活动的目的是转移学习者注意力，令学习者更加放松。在活动中注意活动时间的把控。

(3)学习者可以在小组内进行自由组合的猜歌活动。

【极简教育技术】

"猜歌达人"小程序。

(1)简介："猜歌达人"是一款猜歌小程序，歌曲丰富，操作简单。

(2)获取方法：打开手机微信，单击微信主页右上方的搜索标志，在搜索框中输入"猜歌达人"，出现相应内容后，单击进入小程序。

(3)操作方法：打开手机微信"猜歌达人"小程序，单击"开始游戏"，按照提示选择进行游戏即可。

九、呼吸冥想

【活动目标】

(1)学习者放松情绪，降低疲劳感。

(2)学习者保持专注力，调节情绪。

【活动时间】

10分钟。

【活动简介】

随着生活和工作节奏的加快，人们承受的压力增大，容易陷入迷茫和焦虑，或者被失眠、注意力不集中等问题困扰，这时可以通过冥想舒缓焦虑，调养精神，提升聚焦和专注力，提高学习和工作效率。

通过本活动，让学习者在培训或会议间隙进行身体精神上的舒缓放松，为接下来的培训学习或会议储备充沛的精力，同时组织者可以向学习者介绍"呼吸冥想"小程序，让学习者今后利用极简教育技术来调节自己的专注力与情绪。

【活动步骤】

(1)组织者宣布中场休息，一次通过冥想来缓解疲劳，请大家安静下来，根据声音进行冥想练习。

(2)组织者打开"呼吸冥想"小程序，播放缓解疲劳的音频。

(3)学习者跟着音频介绍进行放松活动。

(4)练习结束后，组织者向学习者介绍"呼吸冥想"小程序。

【活动资源】

无。

【活动提示】

本活动最好在培训活动或会议中场休息时开展，特别是在大家略感疲惫时做最佳。本活动还可以现场播放其他"迷你冥想"，让学习者其他身体部位逐步得到放松。

【极简教育技术】

"呼吸冥想"小程序。

(1)简介："呼吸冥想"是一款帮助人们通过短期和长期的冥想以及呼吸练习来减小压力，放松自己，提升聚焦和专注力，从而调节情绪、改善睡眠的小程序。

(2)获取方法：打开手机微信，单击微信主页右上方的搜索标志，在搜索框中输入"呼吸冥想"，出现相应内容后，单击进入小程序。

(3)操作方法：打开手机微信"呼吸冥想"小程序，使用微信注册账号并登录，选择底部"冥想"菜单，选择顶部"减压"选项卡中的"严重疲劳"，播放音频进入冥想练习。

十、减压交响乐

【活动目标】
(1)学习者感知自身心理状态，多种方法缓解压力。
(2)提高团队的默契程度，调适工作氛围。

【活动时间】
20 分钟。

【活动简介】
在工作的过程中，很多人都遇到过由于工作繁忙而导致压力过大、情绪焦躁的情况，适当的减压措施能够帮助释放压力，缓解疲劳，更好地调适身心。在这个活动中，学习者将体会到笑声和欢愉是缓解精神压力的有效方法。利用"心潮"App 可以快捷地测量心率，缓解压力，放松身心。

【活动步骤】
(1)活动开始前，学习者从组织者手中自由选择一张带颜色的卡片，并根据卡片颜色分别组队站好。

(2)组织者随机向学习者们征集一些自身感受到压力时的症状，如头疼、胸闷、呼吸困难等。告知学习者们这次活动的目的，说明稍后将要开展一个减压小游戏。

(3)请选择蓝色卡片的学习者站出来，并告诉他们，当组织者举起蓝色卡片时，他们要大口呼气和吸气，同时夸张地耸肩膀。组织者先进行动作示范，然后请持有蓝色卡片的学习者进行模仿练习。

(4)请选择黄色卡片的学习者站出来，并告诉他们，当组织者举起黄色卡片时，他们要跟着唱歌，比如一些节奏感较强的儿歌，或者滑稽有趣的歌曲，并夸张地摆动双臂。组织者先进行动作示范，然后请持有黄色卡片的学习者进行模仿练习。

(5)请选择绿色卡片的学习者站出来，并告诉他们，当组织者举起绿色卡片时，他们要做出一些身体动作，如扭腰、摇晃脖子等。组织者先进行动作示范，然后请持有绿色卡片的学习者进行模仿练习。

(6)示范和讲解完毕后，告诉大家要在组织者的指挥下，共同完成一首减压交响乐。当组织者举起不同颜色的卡片时，持有相同颜色卡片学习者要根据以上规则做出对应的动作。

(7)活动时，组织者可以先举起 1 张卡片，接着同时举起 2 种颜色的卡片，最后同时举起3种颜色的卡片，并灵活调整顺序。

(8)活动结束后，组织者和学习者共同探讨这个活动的意义，询问大家是否缓解了压力，请大家交流缓解压力的心得体会。同时介绍一款帮助使用者快速放松身心的工具——"心潮"App。

【活动资源】

黄、绿、蓝三种颜色的卡片若干张，节奏明快的背景音乐。

【活动提示】

(1)组织者进行动作示范时，动作幅度越夸张，示范性就越强，活动效果越好。

(2)活动中，组织者的动作可以逐渐加快，可以进一步激发活动氛围。学习者们往往会开怀大笑，充分释放压力。学习者之间的相互调侃往往会使活动更生动、有趣。

【极简教育技术】

"心潮"App。

(1)简介："心潮"是一款心理健康工具，提供减压课程、疗愈音乐、专注闹钟、呼吸活动练习等内容。还支持利用手机摄像头监测心率、呼吸与HRV，监测准确率超过96%。

(2)获取方法：打开手机自带的应用商店，搜索"心潮"，出现相应内容后下载安装。

(3)操作方法：打开"心潮"App，首页中推荐了疗愈音乐、专注闹钟和练习活动。单击顶部的"冥想"菜单可以进行冥想练习，单击顶部的"疗愈音乐"菜单可以播放各类疗愈音乐，单击顶部的"番茄钟"菜单可以设置各类专注闹钟，击顶部的"潮呼吸"菜单可以进行各类呼吸活动练习。单击底部的"减压"按钮，可以进行减压活动练习。

十一、画—说—画

【活动目标】

(1)学习者之间进一步相互了解。

(2)提高小组成员之间默契程度。

【活动时间】

20分钟。

【活动简介】

本活动以3人为一组进行，第一个人画一幅画，第二个人用语言向第三个人描述这幅画，第三个人根据自己所听到的内容画出这幅画，最后进行对比，看两幅画的相同程度。最后小组讨论形成一些有效传递信息的策略，相互分享。

【活动步骤】

(1)组织者将学习者按照 3 人一组分成若干小组，介绍活动规则、"画图"小程序和"讯飞语记"App 的操作方法。

(2)小组内进行角色分工：一人负责画画，一人负责描述，一人负责还原这幅画。还原画的人不能观看第一人画的画，只能通过第二个人的描述作画。

(3)借助"画图"小程序，小组开始活动。

(4)小组内进行角色互换，再次开展活动，确保每位学习者都体验到三种角色。

(5)小组围绕活动中最大的困难、如何克服困难、如何有效传递信息等问题进行讨论，边讨论边使用"讯飞语记"App 进行记录，总结形成若干条在教学中促进信息有效传递的策略。

(6)各小组分享讨论成果，相互点评。

(7)组织者做活动总结。

【活动资源】

无。

【活动提示】

(1)为了成功地完成本活动，学习者之间必须默契配合，理解彼此的语言表达和绘画方式。

(2)通过对三种角色的体验，可以促进学习者理解在信息传递的过程中不同角色所遇到的不同困难，促进学习者之间的相互体谅和互相帮助。

【极简教育技术】

一是"画图"小程序。

(1)简介："画图"是一款支持自由绘制图形的小程序，操作简单，可以将绘制好的图形生成为图片，保存到手机中。

(2)获取方法：打开手机微信，单击微信主页右上方的搜索标志，在搜索框中输入"画图"，出现相应内容后，单击进入小程序。

(3)操作方法：打开手机微信"画图"小程序，使用微信注册账号并登录，单击"画给好友猜"进入绘画界面，设置画笔的粗细程度和颜色，即可在中间空白区域进行绘画。

如果画错可以选择"橡皮"工具进行擦除，需要重新绘制则可以选择"清空"来清空画布。绘画完成后单击"生成画作"，将作品分享给好友。

二是"讯飞语记"App。

(1)简介："讯飞语记"是一款将声音识别成文字的记录工具，可以用于写文章、写日记、记录采访、记录会议、做笔记、记事等。

(2)获取方法：打开手机自带的应用商店，搜索"讯飞语记"，出现相应内容后下载安装。

(3)操作方法：打开"讯飞语记"App，注册并登录，单击主页底部的"新建"按钮新建笔记，输入标题和正文，在输入过程中可以单击底部工具条上的"麦克风"图标进行语音输入，输入结束后单击右上角"完成"按钮保存内容。在笔记详情页面，可以单击右下角的"编辑"按钮继续编辑笔记，还可以单击右上角的"耳麦"图标朗读笔记，或者单击右上角的"分享"图标将笔记转发给好友或转发至朋友圈。

模块二

收集数据，分析数据

本模块体现了收集数据与分析数据方式的创新，为学习者提供了教学大数据分析技术和创新性的学习体验。教学信息化和学习信息化的快速发展，让数据积累和分析水平大大提升。教学数据采集已经覆盖了教学全流程。数据驱动的教学改变了常规经验式的教与学决策方式，让精准教学、精准测评、个性化学习真正成为可能。数据驱动的教学能弥补年轻教师经验不足的短板，帮助教师快速发展。以数据分析为核心的数据素养成为每一位教师必备的素养之一。本模块中的各项数据分析培训活动在设计的过程中注重实用性、可操作性与前沿性，以切实提高学习者分析数据的能力，有效提高办公效率为主要目标。

一、快速录入

【活动目标】
(1)学习者了解数据分析的流程。
(2)学习者了解常用的数据转换方法与工具。

【活动时间】
30分钟。

【活动简介】
本活动作为本模块的入门活动，旨在让学习者了解教学数据分析的重要性、教学数据分析的内涵与作用、数据分析的流程，以及常用的数据转换方法与工具，为后面各项活动的开展奠定基础。

【活动步骤】
(1)组织者利用问题导入：在阅读杂志、书籍的时候，遇到自己感兴趣的内容，如何记录下来？
(2)随机请几名学习者回答问题，组织者引出问题：如何将纸质数据转为电子数据？

(3)组织者介绍"搜狗输入法"的语音识别、文字识别和跨屏输入功能,以及"迅捷文字识别"小程序的操作方法。

(4)学习者进行语音识别、文字识别、表格识别的操作练习。

(5)组织者讲解教学数据分析的内涵与作用。

(6)全体讨论:

①教学数据分为哪些类型?

②数据分析包括哪些步骤?

(7)组织者讲解教学数据的类型、数据分析的流程。

(8)组织者进行活动总结,引导学习者在教学中注重开展数据驱动的教学探索与实践,提升教学的精准性。

【活动资源】

无。

【活动提示】

(1)教学数据的类型。

在教学的过程中,至少会产生以下5种数据:

①学情数据,包括学习记录、预习情况、学习态度、信息素养、学习环境等方面的数据。

②策略选择数据,包括课堂检测、课堂讨论、课堂互动等方面的数据。

③资源数据,包括资源上传、资源类型、资源评价、教师使用、学生访问等方面的数据。

④教学、学习质量数据,包括学习过程数据,如学习记录、课堂表现、课堂互动、相互交流等方面的数据。

⑤包括作业检测、学习成绩、教学评价、教学反思等方面的数据。

教学过程中产生的丰富数据令数据驱动的教学成为常态,也让教学数据分析越来越重要。

(2)教学数据分析的内涵与作用。

数据分析是指根据分析目的,用适当的分析方法及工具,对数据进行处理与分析,提取有价值的信息,形成有效结论的过程。

教学数据分析能帮助教师进行判断和决策,以便选择适当的策略或采取相应的行动,从而改善教学。大量的数据积累可以为学校、区域管理者的决策提供支撑。

数据分析的作用包括:现状分析,分析当前发生了什么;原因分析,分析当前现状发生的原因;预测分析,分析将要发生什么。

(3)教学数据分析的流程。

教学数据分析包含6个既相对独立又相互联系的步骤,按照流程进行教学数据分析可以提高数据分析水平，6个步骤如图2-1所示。

明确目的 → 确定框架 → 数据采集 → 数据分析 → 数据展现 → 报告撰写

数据分析是为了解决哪些问题？ | 需要从哪些维度采集数据和分析数据？ | 用什么方法采集数据？用什么工具进行数据采集？ | 用什么方法分析数据？用什么工具进行数据分析？ | 有什么图表展示分析结果？图表是否有效表达观点？ | 数据分析的结论有哪些？数据分析是否达到了最初的目的？

图2-1　教学数据分析流程

（4）常用的数据转换方法。

常用的数据转换方法是指将纸质数据转换成电子数据的方法，包括语音识别、文字识别、表格识别三种。

【极简教育技术】

一是"搜狗输入法"。

（1）简介："搜狗输入法"是一款汉字输入法工具，是中国国内主流的汉字拼音输入法之一。

（2）获取方法：在计算机中，百度搜索"搜狗输入法"，打开官方网站后，找到客户端下载链接，下载安装。在手机中，打开自带的应用商店，搜索"搜狗输入法"，出现相应内容后，下载安装。

（3）操作方法：将"搜狗输入法"设置为手机默认输入法。

①语音识别功能：在手机的输入文字界面，长按带有麦克风图标的空格键，可以直接进行语音识别输入。

②文字识别功能：在手机的输入文字界面，单击"搜狗输入法"工具栏中的"键盘"按钮，选择"拍照转文字"，对需要识别的资料进行拍照，选择需要识别的内容，单击"识别"按钮进行识别，识别后单击"发到输入框"按钮将识别的内容发送到输入框中。

③跨屏输入功能：在计算机中，打开"搜狗输入法"工具栏中的"工具"按钮，选择"跨屏输入"，软件会弹出二维码。在手机的输入文字界面，单击"搜狗输入法"工具栏中的"键盘"按钮，选择"跨屏输入"，利用手机扫描计算机中的二维码，即可利用手机在计算机中输入文字。

二是"迅捷文字识别"App。

（1）简介："迅捷文字识别"是一款拍照识别文字的小程序，支持手写体、印刷体文字和表格的识别，还可以将识别的文本进行直接翻译。

（2）获取方法：打开手机微信，单击微信主页右上方的搜索标志，在搜索框中输入"迅捷文字识别",出现相应内容后,单击进入小程序。

(3)操作方法:打开"迅捷文字识别"小程序,单击"立即识别"按钮进行识别操作,在拍照界面中,可以在底部选择手写体、印刷体、表格识别功能,单击拍照按钮对需要识别的资料进行拍照。识别完成后,单击"发送给好友"按钮将识别出的内容以小程序卡片的形式发送给微信好友或微信群,单击"复制文字"按钮复制识别出的内容,单击底部的"更多"按钮选择"翻译"可以将识别的内容翻译成英文、日文等文字。

二、文献检索

【活动目标】
(1)学习者掌握常用的文献检索方法。
(2)学习者了解常用的文献检索平台。

【活动时间】
30 分钟。

【活动简介】
文献检索是指根据科研和学习的需要通过一定途径获取文献的过程,是科研、学习、工作中无法缺失的一个环节。文献检索是开启科研的一把钥匙,写论文少不了文献的检索,掌握对数据库的检索方法和技巧,能帮助大家从海量文献中快速找到对自己课题最有帮助的文献,节约时间。通过本活动,学习者可以掌握一些文献检索方法,为自己的工作启动打下一个良好的基础。

【活动步骤】
(1)组织者介绍中文学术期刊的类别,以及"中国知网""百度学术""爱学术"的操作方法。
(2)学习者在各个文献检索平台中检索与极简教育技术、极简培训相关的文献,下载并阅读。在操作的过程中遇到问题,相互帮助解决。
(3)全体讨论:
①工作学习中什么时候需要进行文献检索?
②好用的文献检索平台有哪些?
③有哪些提高检索效率的经验?
(4)随机请多名学习者分享讨论结果。
(5)组织者进行活动总结,倡导学习者通过实践不断提高文献检索水平。

【活动资源】
与学习者人数相等的计算机。

【活动提示】

第一，中文学术期刊的类别。

(1)按照期刊注册地可以分为国家级和省级。

①一般来说，国家级期刊，即由党中央、国务院及所属各部门，或中国科学院、中国社会科学院、各民主党派和全国性人民团体主办的期刊及国家一级专业学会主办的会刊。另外，刊物上明确标有"全国性期刊""核心期刊"字样的刊物也可视为国家级刊物。

②一般来说，省级期刊，即由各省、自治区、直辖市及其所属部、委办、厅、局主办的期刊，以及由各本、专科院校主办的学报等刊物。

(2)按期刊质量可以划分为北京大学图书馆"中文核心期刊"（又称北大核心）、南京大学"中文社会科学引文索引(CSSCI)来源期刊"（又称南大核心）、中国科学技术信息研究所"中国科技论文统计源期刊"（又称中国科技核心期刊）、中国科学院文献情报中心"中国科学引文数据库(CSCD)来源期刊"等。

第二，文献检索的步骤。

文献检索是一项实践性很强的活动，需要学习者善于思考，并通过经常性的实践，逐步掌握文献检索的规律，从而迅速、准确地获得所需文献。一般来说，文献检索可分为以下步骤。

(1)明确查找目的与要求。

(2)选择检索工具。

(3)确定检索途径和方法。

(4)根据文献线索，查阅原始文献。

第三，常用的中文文献检索平台。

中国知网、万方数据知识服务平台、超星发现、维普等，百度学术、爱学术两个文献检索平台中的部分文献可以免费下载。

【极简教育技术】

一是"中国知网"。

(1)简介："中国知网"是中国知网知识发现网络平台的简称，是国内较为权威的文献检索平台，面向海内外读者提供中国学术文献、外文文献、学位论文、报纸、年鉴、工具书等各类资源统一检索、统一导航、在线阅读和下载服务。

(2)获取方法：在计算机中，百度搜索"中国知网"，打开官方网站。

(3)操作方法：在计算机中，打开"中国知网"网站，登录账号，输入关键词可以直接进行文献检索，在文献详细信息页面，单击"PDF下载"或"CAJ下载"按钮可以下载文献。"中国知网"中的文献都需要收费下载，可以使用学校图书馆提供的账号下载文献，也可以自行注册账号，充值后下载文献。

二是"百度学术"。

(1)简介:"百度学术"是一个提供海量中英文文献检索的学术资源搜索平台,涵盖了各类学术期刊、学位、会议论文,旨在为国内外学者提供最好的科研体验。

(2)获取方法:在计算机中,百度搜索"百度学术",打开官方网站。

(3)操作方法:在计算机中,打开"百度学术"网站,输入关键词可以直接进行文献检索,在文献详细信息页面可以查看文献来源数据平台,部分文献可以免费下载。也可以通过文献互助平台发起求助,成功后即可免费获取论文全文。

三是"爱学术"。

(1)简介:"爱学术"是一个专业的学术文献分享平台,覆盖各个行业期刊论文、学位论文、会议论文、标准、专利等各类学术资源,是国内最大的学术文献交流中心和论文资源免费下载网站。

(2)获取方法:在计算机中,百度搜索"爱学术",打开官方网站。

(3)操作方法:在计算机中,打开"爱学术"网站,输入关键词可以直接进行文献检索,在文献详细信息页面单击"免费下载"按钮下载文献。

三、家长车牌

【活动目标】
(1)学习者掌握一种常用的数据收集方法——在线问卷。
(2)学习者掌握一种常用的数据收集工具问卷网的操作方法。

【活动时间】
30分钟。

【活动简介】
问卷、投票、签到、考试是学校工作中最常见的数据收集需求,本活动利用最常见的场景导入,引发学习者的共鸣,通过实践使学习者掌握一种常用的数据收集方法——在线问卷,以及一种常用的数据收集工具问卷网的操作方法。

【活动步骤】
(1)组织者利用场景导入。

每到学生上下学时段,校园周边就会出现大量车辆因接送学生而随意占道停靠的情况,不仅极易造成校园周边道路拥堵,还存在一定的安全隐患。为了给学生营造一个安全有序的交通环境,交管大队提出家长可以将车停靠在最里边的道路上等待接送,为了避免有人违规停靠,扰乱秩序,本规定只限于是本校的家长。现在需要学校各班主任配合,将本班家长信息及车牌信息收集好,交给学校管理员。

(2)全体讨论。

如果你是班主任，你该如何收集家长车牌信息？

工作中常见的数据收集需求有哪些？

平时遇到这些问题是如何解决的？

(3)组织者讲解"问卷网"小程序的操作方法。

学习者利用小程序制作家长车牌信息收集问卷，转发到微信群中，互相填写。

(4)总结。

培训者总结本次活动，倡导学习者们在日后工作中多实践数据收集方法。

【活动资源】

无。

【活动提示】

在不同的社交软件中，有着不同的数据收集方法。

在微信中常用的有：微信自带的接龙功能、各类微信小程序、问卷网址或二维码等。

在 QQ 中常用的有：QQ 自带的收集表和投票功能、问卷网址或二维码等。

在钉钉中常用的有：钉钉自带的投票功能、钉钉中的智能填表及简道云等工具、问卷网址或二维码等。

【极简教育技术】

"问卷网"。

(1)简介："问卷网"是免费、专业的在线调研、报名表单、投票评选平台。利用它可以快速创建问卷、分发问卷，随时随地查看数据。

(2)获取方法：在计算机中，百度搜索"问卷网"，打开官方网站。在手机中，打开手机微信，单击微信界面上方的搜索标志，在搜索框中输入"问卷网"，出现相应内容后，单击进入小程序。

(3)操作方法：打开"问卷网"网站，注册并登录，单击"新建项目"按钮可以新建问卷、投票、考试等内容，选择"问卷调查"下的"空白创建"新建空白问卷，输入标题和欢迎语，在页面左侧选择一种题型即可添加一个问题，编辑题目内容后可以继续添加新题。题目添加完成后，单击右上角的"发布并分享"按钮发布问卷，在右侧的"其他设置"中可以设置"提交后可查看统计"功能。问卷发布后，可以把问卷网址或二维码分享给填写者。收集到数据后，在网站"我的项目"列表中找到已建好的问卷，把鼠标放在问卷卡片上即可弹出"数据"按钮，单击"数据"按钮查看收集到的数据。

打开"问卷网"小程序，注册并登录，单击底部的加号按钮新建项目，选择"问卷调查""空白问卷"，输入标题和欢迎语，单击"添加题目"按钮选择题型后添加题目，编辑题目内容后单击"保存"按钮完成题目添加。题目添加完成后，单击右下角的"发布"按钮发布问卷，发布成功后可以直接将问卷转发至微信好友或微信群，生成海报、二维码。问卷发布后，可以把问卷网址或二维码分享给填写者。收集到数据后，单击底部的"项目"按钮查看已建好的问卷，单击某个问卷下的"数据"按钮查看收集到的数据。

四、在线测试

【活动目标】
(1)学习者掌握一种常用的数据收集方法——在线测试。
(2)学习者掌握一种常用的数据收集工具问卷星的操作方法。

【活动时间】
30分钟。

【活动简介】
测试是教学的重要组成部分，是教师了解学生学习情况、提升教学针对性的有效抓手。

在翻转课堂教学的过程中，学生课前通过自主学习微课提升基本知识和技能，教师如何了解学生自学情况、有针对性地设计教学呢？这就需要设计一个课前测试环节，学生在自学后，通过测试将自己对知识理解的真实情况反馈给教师。教师根据反馈情况有针对性地设计课堂教学活动。

线上教学时，在线测试成为教师了解学生学习情况的基本手段。

在线测试的每一位教师都应掌握的数据收集方法，通过本活动，学习者在掌握这种方法的同时，还将掌握一种常用的数据收集工具问卷星的操作方法。

【活动步骤】
(1)组织者利用问题导入：你在线上教学时，是如何了解学生的学习情况的？
(2)随机请几名学习者回答问题。
(3)组织者讲解"问卷星"小程序的操作方法，学习者利用小程序制作一份在线测试试卷，转发到微信群中，互相填写。
(4)全体讨论：
①在线测试还能用在教学、评价的哪些场景中？
②"问卷星"还具备哪些功能？
(5)培训者总结本次活动，倡导学习者们在日后工作中多实践数据收集方法。

【活动资源】
无。

【活动提示】

"问卷星""问卷网"是国内较大的两个数据收集与分析平台，两者的功能、操作方法十分相似，用户体验良好。

【极简教育技术】

"问卷星"。

(1)简介："问卷星"是一个专业的在线问卷调查、考试、测评、投票平台，专注于为用户提供功能强大、人性化的在线设计问卷、采集数据、自定义报表、调查结果分析等系列服务。

(2)获取方法：在计算机中，百度搜索"问卷星"，打开官方网站。在手机中，打开手机微信，单击微信界面上方的搜索标志，在搜索框中输入"问卷星"，出现相应内容后，单击进入小程序。

(3)操作方法：打开"问卷星"网站，注册并登录，单击"创建问卷"按钮可以新建问卷、投票、考试等内容，选择"考试"，输入标题，在页面左侧选择一种题型即可添加一个问题，编辑题目内容后可以继续添加新题。题目添加完成后，单击右上角的"完成编辑"按钮发布测试。测试发布后，可以把网址或二维码分享给填写者。收集到数据后，在项目列表中找到已建好的测试，单击"成绩 & 数据"按钮查看收集到的数据。

打开"问卷星"小程序，注册并登录，单击"创建"按钮新建项目，选择"考试""从空白创建"，输入标题，单击"添加题目"按钮选择题型后添加题目，编辑题目内容后单击"确认"按钮完成题目添加。题目添加完成后，单击右下角的"保存"按钮发布测试，发布成功后可以直接将测试转发至微信好友或微信群，也可以制作二维码海报。测试发布后，可以把网址或二维码分享给填写者。收集到数据后，单击项目名称，单击"结果"按钮查看收集到的数据。

五、学生量化评价

【活动目标】

(1)学习者体验对学生进行量化评价的过程。

(2)学习者掌握常用的学生量化评价工具班级优化大师的操作方法。

【活动时间】

30分钟。

【活动简介】

对学生在课堂中的表现进行打分评价是教学中常用的方法。在常规的教学中，很多教师会在黑板的一侧记下学生在教学中的表现，通过分数来激励学生。传统的量化评价数据很难保存，往往随着一节课的结束而消失，难以发挥持久性的效果。

"班级优化大师"是常用的学生量化评价工具，多学科教师协同进行的数字化学生量化评价，让评价数据沉淀下来，形成学生学习成长画像的基础数据之一，对激励学生成长、记录学生成长过程具有重要意义。

通过本活动，学习者在体验对学生进行量化评价过程的同时，可以掌握常用的学生量化评价工具班级优化大师的操作方法。

【活动步骤】

(1)组织者将学习者按照3人一组分成若干小组，导入活动。

日本著名作家多湖辉在《打造孩子大未来》一书中写道："父母一定要清楚，过程才是最重要的，结果是随着发展自然而然就会有的，不必太在意目标，要坚持不懈地完成每天要做的事。"传统的量化评价是一次卷面考试决定学生的一切。这种太过于重视结果而忽视过程表现的考试，无法客观地评价一个学生，不利于培养学生的核心素养。而课堂上教师们的即时性评价多为肯定鼓励赞美的语言能激发学生的学习兴趣，调动学习情感，但这种激励性的语言转瞬即逝，无法记录下来。即使采取了打分的方式，并记录在黑板上，也随着一节课的结束而被擦除。大家是怎么将学生在课堂中的精彩表现记录下来的呢？

(2)随机请几名学习者回答问题。

(3)组织者介绍"班级优化大师"的操作方法。

(4)组织者布置小组任务：在"班级优化大师"App中创建自己的班级，并以小组为单位探索其功能。

(5)全体讨论：

①如何运用班级管理、课堂评价、作业点评等功能，对学生的行为习惯、课堂表现、作业完成等方面实施多元化的评价？

②如何把结果评价与过程评价、量化评价与质性评价结合起来，促进学生的全面健康发展？

(6)培训者总结本次活动，倡导学习者在日后教学中多实践应用。

【活动资源】

无。

【活动提示】

班级优化大师作为免费、易用的学生量化评价工具，提供了丰富的功能，应用它可以提升班级管理水平、课堂评价水平和作业点评水平，具体如下。

(1)班级管理方面。

受年龄的限制，学生的意志品质发展还不成熟，行为自控和自主学习能力普遍较弱，不守纪律的现象时有发生，采用说或其他传统手段解决这些难题会收效甚微。基于量化方便、评价多元、家校沟通便捷等优势，在班级管理中运用"班级优化大师"，通过一系列游戏化的规则约束，可以纠正学生的不良行为习惯，更好地促进他们健康人格的形成和发展。

使用时，教师先建好班级，导入学生名单，系统会为每一位学生自动设定专属卡通角色。接着教师根据实际学情和评价模板，有针对性地"表扬"和"待改进"评价项目和相应的分值，各科教师通过相应评价目的加减分均可随时随地对学生的早读、卫生值日、大课间进行评价和记录。由于它界面友好，功能强大，特别是海量有趣的学生头像会随着"积分榜"分数的增加而华丽升级，备受学生关注。学生在查看到自己积分发生增减变化时，就会追根溯源，从而进一步认识到自己的优点和不足，如"关爱他人合作"和"乱扔垃圾""不讲卫生"等，这样更能激起学生的好奇心和好胜心，有利于扬长避短。

(2)课堂评价方面。

将传统的课堂量化评价过于重视结果而忽视过程，无法客观全面地评价学生，而课堂上教师的激励性评价语转瞬即逝，无法即时记录下来，不利于培养学生的综合素质。"班级优化大师"则可以将学生在课堂中的表现记录下来。比如学生积极举手回答问题，立刻就可以点评为"回答积极"，有时候学生的回答非常精彩，就可以点评为"精彩回答"课堂积分随之增加。学生的听讲、朗读、坐姿、书写、参与合作，这些体现学习态度的表现都可以利用平台即时记录，家长只要在计算机或者手机上安装该软件，随时都能知道学生在课堂中的表现。这样既调动了学生的课堂积极性，又减轻了教师的课堂管理负担，还与家长搭建了真实的数据沟通与反馈。

(3)作业点评方面。

在日常布置课外作业时，教师可以借助"班级优化大师"发布具体的任务和要求，让学生在规定的时间段完成提交，这样既能准确了解学生的作业表现，又可以"一对一"地实施精准点评和反馈指导有针对性地进行作业级评定和文字评价帮助学生和家长明确作业中存在的问题和不足，有利于学生及时改正题目错误，改进拖拉偷懒不良习惯。同时，可添加和建立优秀作业在平台指导学生取长补短、共同提高。

【极简教育技术】

"班级优化大师"。

(1)简介："班级优化大师"是一款由希沃自主研发、针对学生课堂行为优化的游戏化课堂管理工具。班级优化大师为每一位学生设定了专属卡通角色，通过加减分、随机抽选进行角色升级，配合游戏化的规则、界面及音效，激发学生的好胜心与创造力。数据可自动记录、归档和计算，并且可以一键发送至家长端。

(2)获取方法：在计算机中，百度搜索"班级优化大师"，打开官方网站后，找到客户端下载链接，下载安装，一般将软件安装在教室的一体机或白板上。在手机中，打开自带的应用商店，搜索"班级优化大师"，出现相应内容后，下载安装。

(3)操作方法：在计算机中，打开"班级优化大师"网站，注册并登录，选择教师身份，创建班级，设置班级名称，添加学生，设置点评项，邀请家长加入班级。完成网页端的设置后，在教室内打开"班级优化大师"客户端，就可以进行随机点名或为学生加分了，也可以打开 App 为学生加分。

六、易查分

【活动目标】
(1)学习者掌握一种利用极简教育技术提高工作效率的方法。
(2)促进学习者之间经验共享。

【活动时间】
30 分钟。

【活动简介】
"金榜题名""榜上无名""一榜尽赐""榜样""标榜"，古来跟成绩有关的词语不在少数，"榜"文化成为教育文化中的一个特殊组成部分。近几年，各地区教育部门相继下发规定，为了保护学生自尊心，明令禁止各个学校公开学生的考试成绩排名。学校不能公布学生成绩，家长又想了解孩子的学习情况，所以只能给教师发微信或者打电话询问。有时出一次成绩，教师需要同时和全班几十个孩子的家长联系，效率很低。

通过本活动，学习者掌握一种利用极简教育技术提高工作效率的方法，让学生、家长自己查询自己的分数及相关信息，操作简单。同时，通过讨论，学习者之间互相分享工作经验，促进互相学习。

【活动步骤】
(1)组织者将学习者按照 4~6 人一组分成若干小组，小组讨论：
①每次成绩出来后，家长是如何了解学生的成绩的？
②与家长顺畅沟通学生的成绩情况，有哪些经验？
(2)小组选派代表分享讨论结果。
(3)组织者介绍"易查分"的操作方法。
(4)学习者利用"易查分"进行成绩查询操作，小组内互相帮助。
(5)组织者进行活动总结，提示可以利用"易查分"开展作业信息、录取信息、分班信息、水电信息、物业信息、校园卡信息、校园积分信息的查询，倡导学习者在今后的工作中积极利用极简教育技术提高工作效率和工作水平。

【活动资源】

有数据的学生成绩统计表。

【活动提示】

易查分是个通用的查询系统，学校教务处可以用来发布全校的成绩查询，班主任可以用来发布本班的成绩查询，任课教师可以用来发布自己的查询，使用灵活，不需要设置多级权限，任何教师注册都可以直接使用。易查分可以发布各类考试成绩，没有固定格式，平时抽测、周考、月考、期中、期末、入学考试等都可以用。

教师注册易查分后，会获得一个查询专用网址和二维码，只需要将网址或者二维码发到微信群、钉钉群、学校公众号里，学生、家长就可以直接查询。查询无须注册账号，只需要输入教师设置的查询条件即可。教师可以设置查询后学生、家长能修改的字段，来实现留言、核对资料、录入个人信息、报名登记等各种信息收集工作。

【极简教育技术】

"易查分"。

(1)简介："易查分"是一个可以将Excel表格转换为在线查询的工具，比如学生成绩表，以往都是将整个成绩表发到群里让家长查看成绩，用易查分可以轻松地将成绩表转换为在线查询，让家长输入查询条件只能查询自己孩子成绩。单次1.5万人以下的查询完全免费，能满足绝大多数单位的需要。

(2)获取方法：在计算机中，百度搜索"易查分"，打开官方网站。在手机中，打开手机微信，单击微信主页右上方的搜索标志，在搜索框中输入"易查分官微"，出现相应内容后，单击进入公众号并关注。

(3)操作方法：打开"易查分"网站，单击右上角的"教师注册"注册账号并登录，或者单击微信登录按钮利用微信扫描二维码登录。登录后单击"新建查询"按钮新建查询，设置查询基本信息、查询内容(可以参考网站提供的演示表格制作成绩信息表，并在线上传)、查询条件后生成查询，将生成的查询网址或二维码发给学生或家长即可。

打开"易查分官微"公众号，单击"注册"菜单注册账号，单击"登录菜单"登录，单击"帮助"按钮查看帮助信息或咨询客服。登录后单击"新建查询"按钮新建查询，设置查询基本信息、查询内容(可以参考网站提供的演示表格制作成绩信息表，并在线上传)、查询条件后生成查询，将生成的查询网址或二维码发给学生或家长即可。

学生或家长打开查询网址，或者扫描查询二维码关注公众号后打卡查询系统，输入查询条件即可查询学生个人的成绩信息。

七、快速成绩分析

【活动目标】

(1)学习者了解自己的成绩分析水平。

(2)学习者掌握利用极简教育技术分析成绩的方法。

【活动时间】

30分钟。

【活动简介】

学生成绩管理是教师教学中的重要工作。在日常工作中，通常使用Excel表格进行成绩分析，速度较慢且容易出错。本活动中，学习者利用Excel表格进行成绩分析比赛，了解自身的成绩分析水平。利用"班级成绩管理"小程序，能快速进行成绩分析，让学习者获得利用技术提高工作效率的体验，掌握利用极简教育技术分析成绩的方法

【活动步骤】

(1)组织者将学习者分成3～5组，请各组选派代表利用Excel表格进行成绩分析比赛。

(2)各组代表展示成绩分析结果，相互评价。

(3)组织者介绍"班级成绩管理"小程序的操作方法，学习者利用"班级成绩管理"小程序进行成绩分析。

(4)全体讨论：

①信息技术还能用在考务的哪些工作中？

②如何从分析的数据中获得改进教学的信息？

(5)培训者进行活动总结，倡导学习者们在日后教学中多实践应用。

【活动资源】

与学习者人数相等的计算机，有数据的学生成绩统计表。

【活动提示】

"班级成绩管理"小程序可以自动对每次考试的各科目进行优异率、优良率、及格率、平均分、学生班级排名的统计，并通过碎片化收集每次测试的成绩数据，以曲线图直观呈现学生单科成绩和班级成绩的变化趋势。对于某一学科教师来说，可以利用"班级成绩管理"小程序所教学科成绩同样需要做出统计、分析，以便对教学做出准确的评估和展望，制定以后教学的方向和策略。

【极简教育技术】

"班级成绩管理"小程序。

(1)简介："班级成绩管理"是一个统计、分析班级成绩的小程序。导入Excel

成绩表后，小程序便自动统计，多维度分析，多形式呈现，分数区间清晰可见，走势对比一目了然。

(2)获取方法：打开手机微信，单击微信界面上方的搜索标志，在搜索框中输入"班级成绩管理"，出现相应内容后，单击进入小程序。

(3)操作方法：打开"班级成绩管理"小程序，单击"创建班级"按钮创建班级，班级创建完成后根据提示在网站中上传成绩，成绩上传完成后就可以在小程序中查看成绩分析结果了。

八、个性词云图

【活动目标】
(1)学习者了解词云图的生成原理。
(2)学习者掌握词云图的制作方法。

【活动时间】
30 分钟。

【活动简介】
词云图也叫文字云，是对文本中出现频率较高的"关键词"予以视觉化的展现，词云图过滤掉大量的低频低质的文本信息，使得浏览者只要扫一眼文本就可领略文本的主旨。

通过本活动，学习者了解词云图的生成原理，掌握词云图的制作方法。

【活动步骤】
(1)培训者将学习者按照 4～6 人一组分成若干小组。
(2)组织者讲解词云图的生成原理，介绍"新榜词云"网站的操作方法。
(3)每组自选主题制作词云图，10 分钟后展示本组成果。
(4)全体讨论：
①词云图能用在教学的哪些场景？
②除了词云图，还有哪些数据可视化方法？
(5)组织者进行活动总结，倡导学习者们在日后教学中多实践应用。

【活动资源】
词云图图片，与学习者人数相等的计算机。

【活动提示】
词云图是一种用来展现高频关键词的可视化表达，通过文字、色彩、图形的搭配，产生有冲击力的视觉效果，而且能够传达有价值的信息。

利用词云图，可以开展以下教学活动。

(1)利用词云图帮助学生记忆学习内容，如把一串词语制作成词云图，帮助学生加深记忆。

(2)利用词云图对文本信息进行整理,如引导学生对于文本信息中的凸显词汇进行归类或连线,帮助学生更好建立信息之间的联系。

(3)利用词云图对内容进行预测,如听读活动之前进行内容的预测,开拓思维。

(4)利用词云图对同一主题的不同文本进行比较,如讲评学生的作文前,可以挑选几篇有代表性的作文,制作成词云图,让学生通过观察词云图对作文进行比较和评价。

【极简教育技术】

"新榜词云"网站。

(1)简介:"新榜词云"是一个简单易操作的词云制作网站。可以输入文本后,网站会对文本内容进行识别,提取出高频关键词,在线生成可视化词云。

(2)获取方法:在计算机中,百度搜索"新榜有数",打开官方网站,在顶部的"数据工具"菜单中找到"运营工具"分类下的"词云"菜单,单击进入"新榜词云"网站。

(3)操作方法:打开"新榜词云"网站,注册并登录,单击"输入文本"按钮输入一篇文章或导入 TXT 文本文件,单击"完成"按钮后网站会自动对文本进行词频分析,提取高频关键词,自动生成词云。可以手动对提取的关键词的内容和词频进行调整。可以在菜单中对词云依次进行形状、字体、布局、颜色、背景色等设置,网站会随着设置的改变重新生成词云。词云图制作完成后,单击"PNG 下载"按钮下载 PNG 格式的词云图图片。

九、百变图表

【活动目标】

(1)学习者了解常用图表类型与作用。

(2)学习者掌握一种数据可视化工具图表秀的操作方法。

【活动时间】

30 分钟。

【活动简介】

数据展现是数据分析中的重要环节,直观、高效是数据展现的基本原则,选择最合适的图表,并利用最便捷的工具制作图表是数据分析的基本技能。通过本活动,教师将了解常用图表类型与作用、数据可视化的基本原则,以及掌握一种数据可视化工具图表秀的操作方法。

【活动步骤】

(1)全体讨论：常用的图表有哪些？分别具有什么作用？

(2)随机请几名学习者回答问题。

(3)组织者讲解常用图表类型与作用，进行案例展示，介绍"图表秀"网站的操作方法。

(4)学习者利用"图表秀"网站制作各种类型的图表。

(5)全体讨论：数据可视化的过程中应该遵循哪些原则？

(6)组织者讲解数据可视化的四个原则，进行活动总结，倡导学习者积极进行数据可视化的探索与实践。

【活动资源】

不同类型图表的案例，与学习者人数相等的计算机。

【活动提示】

(1)常用图表类型与作用。不同类型的图表具有不同的作用，常见的图表作用如图2-2所示。

图表作用	图表类型		
描述成分（整体的一部分）	饼图	柱形图	条形图
描述分布（数据频次分布）	柱形图	条形图	折线图
描述排序（数据间比较）	柱形图	条形图	
多维度数据比较	雷达图		
描述词频	词云图		

图2-2 不同作用的图表

(2)在进行数据可视化的过程中，可以遵循以下四个原则。

①图表字依次选。图形比表格更容易理解，表格比文字更容易理解，可以按照图、表、字的顺序依次选择呈现方式。

②表达形象化。在可视化的过程中，注重表达的有效性，要化冗长为简洁，化抽象为具体，使读者更容易理解。

③选择最优化。一般有多种图形可以选择，需要根据实际选择最优的一种。

④重点突出化。根据内容重点，对图表标题、数据的颜色和字体进行特别设置。

【极简教育技术】

"图表秀"网站。

(1)简介:"图表秀"是一个在线制作各类图表的网站,操作简单,可以制作近百种常用图表。支持自由编辑和 Excel、csv 等表格一键导入,同时可以实现多个图表之间联动,使数据更加生动直观。支持快速制作各种传统图表和高级可视化图表,支持个性化定制数据分析报告,支持动态播放和社会化分享,提供专业的各行业数据分析报告模板和精美的排版样式。

(2)获取方法:在计算机中,百度搜索"图表秀",打开官方网站。

(3)操作方法:打开"图表秀"网站,注册并登录,单击"新建图表"按钮开始制作图表,单击图表展示区域右上角的"编辑数据"按钮可以对图表数据进行编辑,在右侧"图表选择"选项卡中可以选择图表类型,在"属性设置"选项卡中可以对图表的图例、标题、提示框等基本属性进行设置,在"配色方案"选项卡中可以对图表的配色进行设置。制作完成后,单击"保存"按钮保存图表,单击"导出图表"按钮将图表导出成图片文件。

模块三

学会观察，学会访谈

本模块聚焦观察与访谈主题，新颖的活动形式让学习者形成全新的学习体验，为组织者创新活动设计思路提供了灵感。极简教育技术为学习者提供了多元性、支撑性、记录性的观察和访谈工具，在提升活动趣味性的同时，有效帮助学习者培养观察、访谈能力。

一、角色互换

【活动目标】

(1)提高学习者对身边的人或物的观察能力。

(2)提升学习者的幸福感与责任感。

【活动时间】

120分钟。

【活动简介】

本活动以"扮演多种角色，体会百色人生"为主题开展线下主题活动，在组织学习者自由抽取所要扮演的角色后，给予学习者1～3天的时间为本次角色扮演活动进行准备，让学习者在日常生活中对自己所扮演的人物进行充分的观察与了解，学会抓取事物的本质特征，为此次角色扮演活动奠定基础。

本活动为线下活动，其目的是让学习者更为清晰、直观地观察到扮演者在角色扮演过程中所产生的细微表情变化，体会不同角色的心路历程，从而达到自身对于某一角色的情感共鸣。此外，开展线下活动还可以激励学习者更好地完成自身的角色扮演任务，从而达到更好的活动效果。

【活动步骤】

(1)活动前，组织者告知学习者本活动的主题和要求，组织学习者抽取所要扮演的角色。

(2)学习者利用1～3天进行准备，并利用"希沃白板"软件制作课件。

(3)学习者依次进行表演,并利用课件讲解参与本次活动的过程和感悟。

(4)组织者进行活动总结。

【活动资源】

无。

【活动提示】

(1)活动开始前,组织者需要对所有学习者的自身情况进行一定的了解,依据学习者的整体状况与基础选择合适的扮演角色,并在希沃白板中制作相应的抽取课件,方便学习者对自己所扮演角色进行抽取。

(2)现场活动前,给予学习者一定的准备时间是十分必要的,因为只有给予学习者一定的时间对生活中的人或物进行充分的观察才能保证此次活动的顺利进行,反之过于仓促地完成本次活动则可能导致活动效果欠佳,达不到预期的活动目标。

【极简教育技术】

"希沃白板"软件。

(1)简介:"希沃白板"是一个教学课件制作工具,提供了丰富的课件资源和较大的云存储空间,基于中小学各个学段提供了覆盖各学科的备授课素材,包括思维导图、课堂活动、汉字拼写、古诗词、几何图形、英汉字典、化学方程式、数字星球、常见乐器等素材,可以便捷地创建互动式的课件。

(2)获取方法:在计算机中,百度搜索"希沃白板",打开官方网站,下载安装。在手机中,打开自带的应用商店,搜索"希沃白板",出现相应内容后,下载安装。

(3)操作方法:在计算机中打开"希沃白板"软件,在备课界面,将备选汉字以图片的形式插入希沃课件中,选中汉字图片单击鼠标右键,选择"更多操作"为图片添加蒙层。单击顶部工具栏中的"课堂活动""思维导图""学科工具"可以添加互动活动、思维导图和学科工具。制作完成后,单击"开始授课"按钮播放课件,学习者可以使用工具栏中的"橡皮"工具擦除蒙层,抽选汉字。学习者书写汉字时,可以单击工具栏中的"汉字"按钮添加田字格,在田字格中触屏书写汉字。"希沃白板"的功能十分丰富,可以通过"希沃学院"网站提供的产品教程和案例进行更深入地学习。

二、见字如面

【活动目标】

(1)提高学习者的观察能力。

(2)提高学习者的书面表达能力。

【活动时间】

40 分钟。

【活动简介】

本活动以"为身边的学习者写一封自画像描述电子邮件"为主题，旨在为学习者提供一个相互交流的平台。在活动过程中，学习者不但可以将自己的情感用文字表达出来，还可以通过朗读电子邮件让更多人有情感共鸣。本活动采取较为灵活的组织形式，不划分具体的活动小组，学习者可以自由选择书写主题和书写对象，自定邮件数量，只需要将心中想说的话充分表达出来即可。

通过本活动，在一定程度上可以提高学习者对自己身边的人或物的观察能力，提高学习者对当前生活的感知力。另外本活动在一定程度上避免了传统书信收寄步骤繁多的问题，利用极简教育技术工具极大地缩减了收寄书信过程，从而吸引更多的学习者参与并完成本次活动。

【活动步骤】

(1)组织者介绍本次活动的主题与流程，主题为：为身边的学习者写一封自画像描述电子邮件。

(2)学习者两人一组，互相撰写电子邮件。

(3)随机请学习者朗读收到的邮件内容，并进行点评。

(4)组织者对本次活动进行总结与升华。

【活动资源】

无。

【活动提示】

(1)本活动时间主要分为两个方面：一是电子邮件的撰写时间，可以在活动前提前完成；二是电子邮件的朗读时间，其形式既可以在线下开展，也可在线上开展。

(2)本活动需明确讨论主题与任务，不可无的放矢。活动直观的效果是，人们在充分表达出自我的同时，收获感动，获得知己，既分享了情感，碰撞了思维，又加深了对其他人的观察与了解。从而既提高了自身的文字表达能力，又提升了自身的观察能力以及对他人的理解能力。

【极简教育技术】

"QQ 邮箱"App。

(1)简介："QQ 邮箱"是一个提供安全、稳定、快速、便捷电子邮件服务的邮箱平台，已经为亿万用户提供高效稳定便捷的电子邮件服务。可以在计算机网页、移动客户端上使用，可以向任何邮箱发送最大 3G 的附件，还提供文件中转站、日历、记事本、漂流瓶等特色功能。

(2)获取方法：打开手机自带的应用商店，搜索"QQ 邮箱"，出现相应内容后，下载安装。

(3)操作方法：打开"QQ邮箱"App，利用 QQ 账号登录，单击右上角的加号按钮选择"写邮件"，填写收件人邮箱、邮件主题和内容后单击"发送"按钮发送邮件。在 App 首页，单击"收件箱"菜单进入"收件箱"，可以查看收到的邮件。

三、朗读者

【活动目标】
(1)学习者能够根据自我的需要，结合作品来讲述自己的故事。
(2)提升学习者的访谈能力。

【活动时间】
60 分钟。

【活动简介】
《朗读者》是央视出品的一档阅读类电视节目，以个人成长、情感体验、背景故事与传世佳作相结合的方式，选用精美的文字，用最平实的情感读出文字背后的价值，节目旨在实现文化感染人、鼓舞人、教育人的传导作用，展现有血有肉的真实人物情感。[①]

本活动参考《朗读者》节目的形式，学习者利用"全民 K 歌"App 进行配乐朗诵，可以自主选择朗诵内容和音乐来表达情感，同时促进学习者访谈能力的提升。

【活动步骤】
(1)活动前，组织者告知学习者活动名称，活动主题为"书籍"，请每一位学习者准备一篇朗读文章，并打印好备用。
(2)组织者播放一段《朗读者》节目的录像，介绍"全民 K 歌"App 的操作方法。
(3)随机请一名学习者利用"全民 K 歌"App 播放背景音乐，进行配乐朗读。
(4)随机请另一名学习者作为主持人进行现场访谈，通过访谈了解朗读的学习者选择这篇内容的原因，以及背后感人的故事。
(5)学习者两人一组，互相配乐朗读、访谈。
(6)全体讨论：
①访谈应该问哪些问题？
②访谈中需要运用哪些策略？
③好的访谈有哪些特点？
(7)随机请多位学习者分享讨论结果，相互点评。
(8)组织者介绍记录朗读的工具——"微软听听文档"小程序，学习者制作，

---

① 人民网．快综艺时代下的"慢"文化，从《朗读者》看电视综艺未来发展方向[DB/OL]．[2021-04-28]．http://media.people.com.cn/n1/2017/0509/c40606-29264179.html．

转发至微信群中，相互查看。

(9)组织者进行活动总结。

【活动资源】

《朗读者》节目录像。

【活动提示】

(1)可以针对活动主题对会场进行适当布置。

(2)可根据培训内容、培训时间等确定更丰富的培训主题，如爱、阳光、奋斗、陪伴、故乡、学校、学生、父亲、春节等。

(3)组织者可以模仿《朗读者》节目的风格，导入活动。

【极简教育技术】

一是"全民 K 歌"App。

(1)简介："全民 K 歌"是一款由深圳市腾讯计算机系统有限公司出品的 K 歌工具，具有智能打分、专业混音、好友擂台、修音、趣味互动以及社交分享功能。

(2)获取方法：打开手机自带的应用商店，搜索"全民 K 歌"，出现相应内容后，下载安装。

(3)操作方法：打开"全民 K 歌"App，注册并登录，单击底部的麦克风按钮，找到"朗诵"菜单，选择分类，选择篇目，选择配乐后单击底部的录制按钮进行朗诵，朗诵结束后单击"完成"并生成作品、发布作品。

二是"微软听听文档"小程序。

(1)简介："微软听听文档"是由微软(中国)有限公司 Office 团队出品的一款语音文档创作小程序，支持为 Word、PPT、PDF、Excel、图片、公众号文章等多种类型文档添加语音，将只有文字和图片的文档变成一个"会说话"的语音文档。

(2)获取方法：打开手机微信，单击微信主页右上方的搜索标志，在搜索框中输入"微软听听文档"，出现相应内容后，单击进入小程序。

(3)操作方法：打开"微软听听文档"小程序，单击底部的"创建"按钮创建文档，可以选择手机中的图片、从计算机中上传文档、复制公众号链接、草稿箱中的文档、网盘中的文档，选择内容后单击"开始制作"按钮为图片或文档配音，为一张图片配音完后可以切换下一张图片，制作完成后单击"制作完成"按钮为文档设置标题、公开权限、标签和背景音乐，单击"发布"按钮发布语音文档，单击底部的"分享"按钮可以分享到微信好友或朋友圈。

四、围炉夜话

【活动目标】

(1)提升学习者与他人对话的能力。

(2)拓宽学习者的视野。

【活动时间】

60分钟。

【活动简介】

本活动名取自晚清近代著名文学品评家王永彬著作的儒家通俗读物《围炉夜话》。这本书对于当时以及以前的文坛掌故、人、事、文章等分段作评价议论，寓意深刻。

"围炉夜话"活动是指具有共同特点的人聚在一起，畅所欲言，围绕一定的主题进行深度探讨，通过对话的形式阐述观点、分享经验，相互学习。

【活动步骤】

(1)组织者介绍"微信读书"App的操作方法，指定一本书，学习者利用"微信读书"App进行限时阅读。如果内容较多，可以仅阅读一本书的部分篇目，或者将本步骤放在活动前一周或两周内完成。如果内容较少，可以在现场采取朗读、个人读、齐读等方式展示内容。

(2)组织学习者对阅读内容进行深刻的讨论与评价，可从其内容、主题、人物、特点联系实际进行评论。

(3)学习者在"微信读书"App内的阅读内容中标注自己的评论，并分享到微信群，其他人可以用留言的方式进行讨论。

(4)组织者进行活动总结。

【活动资源】

无。

【活动提示】

(1)可以针对活动主题对会场进行适当布置。

(2)本活动可以在线下开展，也可以在线上开展。

(3)本活动适用于党建活动、四史学习、家长交流、学生评价、亲子互动阅读、班主任培训、教师读书分享、管理者培训等场景。

(4)如果在线上开展，可以利用"千聊"App进行交流互动。如果在线下开展，可以利用微信面对面建群功能建立微信群，方便活动后联系和交流。

【极简教育技术】

一是"微信读书"App。

(1)简介："微信读书"是基于微信关系链的阅读工具，提供海量正版书籍、小说、漫画、公众号、听书等内容，支持多设备同步实现跨屏阅读。在提供极致阅读体验的同时，"微信读书"会为使用者推荐合适的书籍，并可查看微信好友的读书动态、与好友讨论正在阅读的书籍。

(2)获取方法：打开手机自带的应用商店，搜索"微信读书"，出现相应内容后，下载安装。

(3)操作方法：打开"微信读书"App，注册并登录，利用主页顶部的搜索功能查找书籍，可以将查找到的书籍加入"书架"之中，在"书架"中可以阅读已添加的书籍，阅读中可以单击底部的"笔记"按钮进行画线标注和点评。

二是"千聊"App。

(1)简介："千聊"是一款免费的直播工具，支持直播、录播、视频、语音、图文等形式。与微信融合较好，在微信中可以直接参与直播，可以嵌入微信公众号中，关联微信群。操作简单，支持网站、App、微信、小程序等多种方式观看直播。App端录音更方便、稳定，推荐采用App端进行直播。

(2)获取方法：打开手机自带的应用商店，搜索"千聊"，出现相应内容后，下载安装。

(3)操作方法：打开"千聊"App，注册并登录，单击底部"我的"按钮进入个人中心，单击"一键创建直播间"按钮建立直播间，单击底部的"开课"按钮建立课程，输入课程标题、开始时间、课程类型后开始课程，在类似微信聊天界面的直播界面中可以发送文字、语音、图片、音频、视频、课件等内容，与学员进行互动交流。在App首页，可以在顶部的搜索功能查找直播间。

三是"微信"面对面建群功能。

(1)简介："微信"面对面建群是微信自带的将线下同一场地的人快速组建微信群的功能。

(2)操作方法：打开微信，单击主页右上角的加号按钮，选择"发起群聊"，选择"面对面建群"，输入四位数字，并将四位数字分享给现场的学习者。处在同一现场的学习者进行同样的操作，输入同样的四位数字以后，所有学习者就会加入同一微信群中。

五、学做记者

【活动目标】

(1)提高学习者的访谈能力。

(2)提高学习者的临场应变能力。

(3)提高学习者合作能力。

【活动时间】

60分钟。

【活动简介】

本次活动的目的在于组织学习者通过学做记者的形式，发展自身的访谈能力、临场应变能力以及临场表达能力，其中心在于让学习者在实践过程中，较为真实地体验记者身份,从而培养或提升学习者从"做中学"的能力,提升学习者的访谈素质。

本次活动的具体组织形式为小组合作形式,每两位学习者为一组,共同完成本次学习活动的整体任务。

【活动步骤】

(1)组织者介绍本次活动的主题与流程,主题为:你最敬重的人是谁。

(2)学习者根据题目拟定访谈提纲和回答提纲,访谈问题数量应不少于5个。

(3)学习者两人一组,一人扮演记者,一人扮演受访者,各组依次到主席台开展访谈活动。

(4)所有组完成第一次访谈任务后,交换组内扮演角色,各组依次到主席台开展访谈活动。

(5)学习者对各组表现进行投票,评选出表现最优秀的三个小组。

(6)优秀小组依次分享经验。

(7)组织者进行活动总结,倡导学习者注重自身访谈能力提升,多锻炼,多总结。

【活动资源】

无。

【活动提示】

(1)本活动主要包含扮演两种角色的学习者,其中一种是记者,另一种是被访谈者,两种角色应当接替进行,即每一位学习者既有体验记者身份的机会,也有被访谈的机会,这样才能全面提升学习者的访谈素质,达到更好的活动效果。

(2)为达到更好的效果,尽量在线下开展本活动。对于学习者而言,线下活动更能约束其行为,也更能锻炼学习者的临场应变能力与访谈能力,同时也有助于提升学习者的心理素质,可谓事半功倍。当然,如果在线下开展本次活动难度过高,也可选择线上开展,建议使用"腾讯会议"客户端开展活动。

(3)如果在线下开展,应选择空间较大、环境比较安静的场所,避免出现过多的干扰,影响活动的正常进行。

【极简教育技术】

一是"问卷星"小程序。

"问卷星"小程序的简介、获取方法和操作方法详见本部分的模块二活动四。

二是"腾讯会议"。

(1)简介:"腾讯会议"是一款音视频会议工具。具有300人在线会议、音视频智能降噪、美颜、背景虚化、锁定会议、屏幕水印等功能,支持实时共享屏幕,支持在线文档协作。

(2)获取方法：在计算机中，百度搜索"腾讯会议"，打开官方网站后，找到客户端下载链接，下载安装。在手机中，打开自带的应用商店，搜索"腾讯会议"，出现相应内容后，下载安装。

(3)操作方法：打开"腾讯会议"客户端，注册并登录，单击"加入会议"按钮，输入会议号码和密码后，即可开始视频会议。在视频会议界面，单击底部的"共享屏幕"，选择"桌面"，单击"确认共享"按钮，即可将手机或计算机的桌面屏幕共享给其他参会人员。

六、真心话

【活动目标】

(1)提高学习者的访谈能力。

(2)提高学习者的思辨能力。

(3)增进学习者之间的了解。

【活动时间】

60分钟。

【活动简介】

本次活动的设计灵感来源于"真心话，大冒险"小游戏，鼓励学习者大胆说出自己心里的秘密，结交到更为亲密的好友。有一点值得注意的是，本活动虽然源于"真心话，大冒险"小游戏，但又不完全同于这个小游戏，本活动以真心话为主，即被抽到的学习者需要首先考虑回答提问者的问题，当然如果被提问者认为提问者所提的问题涉及自身的绝对敏感区域，可以选择采用抽取纸条的方式参与"大冒险"活动。

通过本次活动，学习者可以通过提问与回答问题的方式提升自己的访谈能力，活动形式较为放松、灵活，活动的组织方式新颖，有助于激发学习者的兴趣，适合在大学生或新教师中开展。

【活动步骤】

(1)组织者介绍本次活动的主题与流程，主题为：本次培训班中，你最喜欢的同学是谁。

(2)组织者利用"随机抽"小程序随机抽取两位学习者。两位学习者分别在培训微信群中发布一个猜拳表情，获胜者为提问者，另一位作为被提问者。

(3)两位学习者开展真心话活动，提问者需要围绕主题提问3个问题，被提问者可以选择回答问题，也可以选择采用抽取纸条的方式参与"大冒险"活动。

(4)重复步骤(2)和(3)，直至所有学习者都参与了本活动。

(5)组织者进行活动总结。

【活动资源】

写有"大冒险"活动的纸条若干张。

【活动提示】

(1)活动开始前,组织者需要提前准备好写有"大冒险"活动的纸条,并折叠成大小相同的形状,以供活动开展过程中作为备用使用。"大冒险"活动可以具有一定的趣味性,如双方交换角色等,但要把握好度,不可偏题。

(2)活动开展过程中,组织者也要时刻把握活动的动向,不可偏离主题,最好在活动正式开始之前再一次提醒学习者本次活动的主题。

【极简教育技术】

"随机抽"小程序。

(1)简介:"随机抽"是一款用于随机抽签的工具,支持随机抽取数字、奖品、句子等,操作简单。

(2)获取方法:打开手机微信,单击微信主页右上方的搜索标志,搜索"随机抽",出现相应内容后,单击进入小程序。

(3)操作方法:打开"随机抽"小程序,单击"全能抽"按钮,选择"演员表"菜单创建组员列表,设置不重复抽取,单击"抽取"按钮即可随机抽选成员。

七、吐槽大会

【活动目标】

(1)提高学习者的语言组织与表达能力。

(2)提高学习者的观察能力。

【活动时间】

60分钟。

【活动简介】

本活动以"观察并分享生活中任意事物的不同侧面"为主旨,组织学习者对某一人物、事物、现象进行充分的观察后自行撰写演讲稿对该人或物进行"吐槽",随后在某一位学习者分享结束后,其他学习者可对该分享者进行投票,每一票为一分,最终获得票数最高的学习者即为本次活动的优胜者,可适当地对其进行奖励。

通过本次活动,学习者不但可以在观察事物的过程中提升自身的观察能力,还可以在撰写演讲稿的过程中提升自己的文字表达能力,演讲过程也会提升自身语言表达能力。本次活动的组织形式既具有一定的灵活性,也具有一定的固定性,其灵活性体现在学习者对于某一事物的观察角度与分享角度与时间的确定上,其固定性则体现在观察主题的唯一之上,而这是因为多种观察主题会在一定程度上干扰学习者进行观察与分享,从而导致活动效果达不到预期的目标。因此,在活动开展前,组织者需要依据实际情况选择某一人物、事物、现象作为本次活动的唯一观察对象。

【活动步骤】

(1)活动前,组织者介绍本次活动的主题与流程,主题为:给我留下最深刻印象的教师。学习者提前撰写演讲稿,并利用"希沃白板"软件制作课件。

(2)学习者抽取演讲顺序,并按顺序依次完成演讲。

(3)学习者进行投票,评选出表现最优秀的三个学习者。

(4)优秀学习者依次分享经验。

(5)组织者进行活动总结,要不断提升自身观察能力和语言表达能力。

【活动资源】

无。

【活动提示】

(1)学习者要想在本次活动中取得较好的成绩,则需要在得知观察对象后进行充分的准备,这需要一定的时间,因此为保证活动取得应有的效果,组织者应当在告知学习者观察对象后给予学习者一定的准备时间,切不可急于求成,也不可随意放松(为避免不必要的时间消耗,此环节可在线上进行)。

(2)本活动也可分组进行,组织者可依据参与活动的人数与整体知识基础选择活动组织形式,只要能尽可能地让所有学习者参与其中即可。

(3)在选择观察对象时,组织者要考虑学习者的熟悉程度、感兴趣程度,要贴近学习者学习、工作实际,瞄准学校教学中的真实现象。

(4)"吐槽"在本活动中仅是一个题目,并不是要求学习者只能介绍观察对象的缺点,也可以介绍优点。

【极简教育技术】

一是"希沃白板"软件。

"希沃白板"软件的简介、获取方法和操作方法详见本部分的模块三活动一。

二是"问卷星"小程序。

"问卷星"小程序的简介、获取方法和操作方法详见本部分的模块二活动四。

模块四

问题解决，展示交流

本模块体现了问题解决及展示交流方式的创新，为学习者提供了耳目一新的培训与学习体验。极简教育技术的恰当运用，提升了学习者的学习能力，增强了学习者的参与积极性。同时，各项培训活动在设计的过程中注重可操作性与实用性，在提高学习者办公效率的同时，让学习者有实实在在的获得感。

一、行走教学法 >>>>>>>

【活动目标】

(1)学习者集思广益，形成问题解决的对策。

(2)学习者相互学习，提升团队协作能力。

(3)学习者掌握一种新的问题解决方法——行走教学法。

【活动时间】

30 分钟。

【活动简介】

本活动以教师关注的问题"教师应该具备哪些信息化教学能力？"为主题开展讨论，活动方式为在行走中进行讨论。组织者首先将学习者分组，3~5 人一组为宜，然后组织学习者在户外一个闭环路线行走，并在行走过程中讨论话题，最终回到会场进行分享交流。本活动基于脑科学原理，当人们在风景宜人的户外运动时，身体放松，大脑积极运转，实现了全身心投入，更容易产生新的灵感和创意。

【活动步骤】

(1)组织者将学习者分成若干小组，并给出小组讨论主题：教师应该具备哪些信息化教学能力。宣布本次活动为户外活动，告诉学习者以小组为单位，沿着一个闭环的固定路线自由行走，边行走边讨论，在 15 分钟内返回会场，提交讨论结果。

(2)组织者介绍"幕布"微信公众号、"思维导图"App 的操作方法。

(3)学习者进行户外讨论，利用"幕布"微信公众号或"思维导图"App 记录讨论过程与结果。

(4)学习者回到会场后自由讨论 5 分钟，对讨论结果进行梳理，完善思维导图。

(5)组织者安排各组派代表分享本组讨论结果。

(6)组织者总结本次活动，倡导学习者们多学习、多思考、多运动、多交流。

【活动资源】

户外行走的场所，可以是校园操场、公园、林荫道等，需要有一个闭环的行走路线，尽量是风景优美、静谧空旷的场地。

【活动提示】

(1)活动开始前，小组成员之间应彼此熟悉，以保证讨论的质量。

(2)活动需明确讨论主题或任务，且有开放、友好的氛围，确保小组讨论有的放矢。本活动还需要结合实际情况进行，例如，选择气候温和的时节，不在寒冷或炎热的时节进行。最后，需要考虑各种安全隐患，需要做好防范措施。

(3)本活动直观的效果是，人们置身在景色宜人的环境中，营造了集体身心愉悦的状态，从而提高了创造性思维和学习的效能，在活动中获得了健康、分享了思想、碰撞了智慧，将传统、易疲劳的培训变成了生动的群体智慧的创造分享。

【极简教育技术】

一是"幕布"微信公众号。

(1)简介："幕布"可以极速撰写会议纪要、课程笔记，系统记录读书笔记、学习笔记，可以头脑风暴梳理思路；灵感记录、创意发散、研发计划，可以提纲挈领；写作大纲、报告和方案撰写，可以促进逻辑思考；分析报告撰写、决策推导方案。手机幕布(公众号或 App)可以运用语音输入文字，一键生成思维导图，还可以在小组内共享共建。

(2)获取方法：打开手机微信，单击微信主页右上方的搜索标志，搜索"幕布"，出现相应内容后，单击进入公众号并关注。

(3)操作方法：进入公众号，单击左下角"进入幕布"，登录幕布账号或使用微信、QQ 账号登录。进入幕布后，单击右下角的加号按钮，选择创建文档，开始创作。创作完成后，单击右上角思维导图图标生成思维导图。

二是"思维导图"App。

(1)简介：思维导图(MindLine)秉承极简设计的原则，没有烦琐的操作和复杂的界面，可以快速构思扩展想法和计划。制作好的导图可以导出为图片、PDF 和文字大纲等多种格式，并能随时随地分享给好友。

(2)获取方法：打开手机自带的应用商店，搜索"思维导图"，出现相应内容后，下载安装。

(3)操作方法：打开"思维导图"App，单击加号按钮建立分支，单击横线可以输入文字。制作完成后，单击屏幕右上角的菜单按钮，选择"保存导图"，保存思维导图。

二、世界咖啡讨论法

【活动目标】
(1)学习者通过讨论的形式寻找到问题解决的对策。
(2)学习者了解在教学过程中能用到的各类小程序。
(3)学习者掌握一种新的问题解决方法——世界咖啡讨论法。

【活动时间】
60分钟。

【活动简介】
本活动采用"世界咖啡讨论法"的形式，学习者组成小组，针对当前关注的主题"在教学中使用哪些小程序可以提升教学效率？"开展讨论，借助极简教育技术支持教师在线协作，将大家的精彩"点子"进行记录，发挥团队作用，提升讨论的"效率"与"质量"，最终相互分享。

"世界咖啡讨论法"倡导"跨界(Crossover)"，不同专业背景、不同职务、不同部门的一群人组成小组，针对数个主题，发表各自的见解，意见互相碰撞，激发出意想不到的创新点子。"世界咖啡讨论法"倡导打破学习者的思维方式，在相互之间的思维碰撞中增加思考深度，产生更富于远见的成果。

【活动步骤】
(1)组织者将学习者分成若干小组，一般4～5人一组。学习者以小组为单位围坐在类似咖啡座的桌子旁，或围坐成一个谈话小组。

(2)组织者告诉学习者今天采用"世界咖啡讨论法"进行交流，介绍"世界咖啡讨论法"。给出小组讨论主题：在教学中使用哪些小程序可以提升教学效率？

(3)组织者介绍"石墨文档"App的操作方法。

(4)学习者开展20分钟的主题讨论，将讨论中出现的重要的想法、意见利用"腾讯文档"小程序或"石墨文档"App进行在线协作记录。

(5)完成第一轮讨论后，每桌请一名学习者留在原位做桌主，其余学习者作为"旅行者"到新的桌上参与讨论，将主要的想法、主题，或者问题带到新的讨论中。

(6)桌主欢迎新来的学习者，简单介绍刚刚讨论中的主要想法、主题及问题，并鼓励新来的学习者将这桌的想法与他们刚刚各自讨论的内容联系起来。学习者要注意互相倾听，进行更深入地思考，并进行在线协作记录。

（7）第三次的讨论，所有学习者可以回到原位综合整理自己的发现，也可以转移到新的桌上继续讨论。留在座位上的可以是第一次的桌主，也可以是新的桌主。

（8）每桌选派代表分享讨论结果。

（9）组织者进行活动总结。

【活动资源】

多个能围坐4~5人桌子及配套的椅子。

【活动提示】

（1）在线协同写作。

本活动直观的效果是，人们在享受不同思想观点碰撞的同时，学习到了"在线协同写作"的技能，将传统的交流沟通"升级"成了生动友好的群体智慧的创造分享。协同写作集中了多人的智慧，可以减少写作时间、提高作品质量。协同写作使写作方式发生了改变，信息生产者也是信息传播者和信息接收者，对信息的组织方式和传播方式也产生了深远的影响。

（2）"世界咖啡讨论法"的七项原则。

第一项原则：明确讨论内容。

第二项原则：创造热情友好的氛围。

第三项原则：探索相关问题。

第四项原则：鼓励每个人的投入/贡献。

第五项原则：吸收多元文化，接受不同观点。

第六项原则：共同审议不同的模式、观点和深层次的问题。

第七项原则：收获、分享共同成果。

【极简教育技术】

一是"腾讯文档"小程序。

"腾讯文档"小程序的简介、获取方法和操作方法详见本部分的模块一活动一。

二是"石墨文档"App。

（1）简介：石墨文档是中国第一款支持云端实时协作的企业办公服务软件，可以实现多人同时在同一文档及表格上进行编辑和实时讨论，同步响应速度快。

（2）获取方法：打开手机自带的应用商店，搜索"石墨文档"，出现相应内容后，下载安装。

（3）操作方法：打开"石墨文档"App，注册并登录，单击屏幕右下角的加号按钮新建文档。输入标题后单击右上角的菜单按钮，单击加号按钮添加协作者，一起开始在线协作写作。

三、我们都是专家

【活动目标】

(1)学习者自己寻找解决问题的对策。

(2)学习者的自尊和自信有所提高。

(3)学习者体验视频会议的便捷性和高效性。

【活动时间】

40分钟。

【活动简介】

本活动让学习者扮演专家的角色，分析其他学习者提出问题，通过互相帮助寻找解决问题的对策，提高学习者的自尊心和自信心。

活动开始前，组织者将学习者进行分组，收集各组学习者提出的问题，交换各组的问题，各小组针对问题进行分析，给出对策，最后利用视频会议的方式进行交流。活动方式打破了常规线下活动的局限，适合学习者无法线下集中培训的情况。

【活动步骤】

(1)组织者在线将学习者按照4~6人一组分成若干小组，以小组为单位在线收集学习者提出的个人专业发展或教学中存在的问题，将各组问题交换。

(2)各小组转变成专家，通过视频会议或微信群讨论的方式一起逐一对收到的问题进行分析，提出解决问题的建议，并制作演示文稿。

(3)组织者建立视频会议，各小组轮流进行分享本组的分析结果，小组间进行相互评价。

(4)组织者做活动总结。

(5)视频会议后，组织者收集成员交流的想法，将问题和解决对策发给提出这个问题的学习者。

【活动资源】

无。

【活动提示】

(1)为确保讨论的质量，各组学习者之间应十分了解。

(2)各小组在进行视频会议分享时，应以演示文稿的形式呈现分享内容。

(3)本活动能让学习者体验到创建视频会议的便捷性，提高学习者基于视频会议的云办公能力。组织者可以介绍"钉钉"群视频会议，帮助学习者了解更多极简教育技术。

【极简教育技术】

一是"腾讯会议"。

"腾讯会议"客户端的简介、获取方法和操作方法详见本部分的模块三活动六。

二是"钉钉"。

(1)简介：钉钉是一款免费沟通和协同的工具。支持组织内协同办公、即时沟通、流程审批等功能。此外，钉钉还专为教育开发了在线备课、在线教学、家校通讯录、班级圈等功能。

(2)获取方法：在计算机中，百度搜索"钉钉"，打开官方网站后，找到客户端下载链接，下载安装。在手机中，打开自带的应用商店，搜索"钉钉"，出现相应内容后，下载安装。

(3)操作方法：打开"钉钉"客户端，注册并登录，选择钉钉群，单击"视频会议"，选择"会议模式"，添加参会人后开始会议。在视频会议界面，单击底部的"共享"，选择"桌面"，单击"共享"按钮，即可将手机或计算机的桌面屏幕共享给其他参会人员。

四、头脑风暴法

【活动目标】

(1)学习者畅所欲言，自由地表达自己的想法。

(2)通过思维碰撞提升群体决策的创造性，提高决策质量。

【活动时间】

20分钟。

【活动简介】

利用头脑风暴法，学习者之间进行充分的讨论，通过思维碰撞提出具有创新性的问题解决对策。

【活动步骤】

(1)组织者将学习者按照4～6人一组分成若干小组，介绍"有道云笔记"App的操作方法。

(2)组织者向学习者说明本活动采用"头脑风暴法"进行交流，讨论题目是"让学生利用手机学习所面临的困难与问题"简单介绍"头脑风暴法"规则：每组设主持人一名，主持人只主持讨论，对设想不做评论；每组设记录员1～2人，要求认真将与会者每一设想不论好坏都完整地记录下来。

(3)针对主题，学习者迅速说出自己的看法。组织者鼓励学习者突破思维惯性，大胆进行联想，畅所欲言，看法越多越好。记录员将学习者所说的话不加选择地记录下来，不做任何评论或评价。

(4)一轮发言后,所有学习者进行二轮、三轮发言,将所有人发言内容进行归类,形成讨论结果。

(5)每组选派代表进行分享,相互点评。

(6)组织者进行活动总结。

【活动资源】

无。

【活动提示】

(1)在群体决策中,由于群体成员心理相互作用影响,易屈于权威或大多数人意见,形成所谓的"群体思维"。群体思维削弱了群体的批判精神和创造力,损害了决策的质量。为了保证群体决策的创造性,提高决策质量,管理上发展了一系列改善群体决策的方法,头脑风暴法是较为典型的一个。采用头脑风暴法组织群体决策时,要集中学习者进行讨论,组织者以明确的方式向所有学习者阐明问题,说明讨论的规则,尽力创造融洽轻松的会议氛围。

(2)在进行"头脑风暴"(即思维共振)时,应尽可能提供一个有助于把注意力高度集中于所讨论问题的环境。

(3)头脑风暴法要求所有的学习者都首先把自己的想法说出来,不论这些想法是多么没有"逻辑",没有"关联",甚至看起来非常"荒唐"和"离奇",学习者之间不作任何评论或评价。在这时,想法的数量比质量更重要。一些最有价值的设想,往往是在已提出设想的基础之上,经过"思维共振"的"头脑风暴"迅速发展起来的设想,以及对两个或多个设想的综合设想。

【极简教育技术】

"有道云笔记"App。

(1)简介:"有道云笔记"是一款笔记在线记录工具,记录方式便捷,可以随时随地对线上资料进行编辑、分享和协同。

(2)获取方法:打开手机自带的应用商店,搜索"有道云笔记",出现相应内容后,下载安装。

(3)操作方法:打开"有道云笔记"App,单击右下角的加号按钮新建笔记,输入标题和正文后单击右上角的"完成"按钮,即可完成一条笔记的记录。

五、戈登法

【活动目标】

(1)学习者畅所欲言,自由地表达自己的想法。

(2)通过思维碰撞提升群体决策的创造性,给出解决问题的对策。

(3)学习者了解一种新的问题解决方法——戈登法。

【活动时间】

30分钟。

【活动简介】

戈登法也是一种以小组集体讨论的方式激发创造性思路和观念的方法，由头脑风暴法衍生出来，适用自由联想的一种方法。但其与头脑风暴法有所区别，其在提出问题的方法上有独到之处。头脑风暴法要明确提出思考的问题，并尽可能具体。与此相反，戈登法并不明确地表示问题，而是给出一个抽象的问题。除组织者之外，所有学习者并不知道要解决的具体问题是什么，告知他们的只是一个慎重选择出来的抽象的关键词。因为抽象的、一般性的关键词不会限制人的思维。如要解决自行车停放的问题，可以用"存放"作为关键词。这样，学习者便不可能一开始就讨论答案的优缺点，而是不断寻求新主意。当意见集中到某种程度时，组织者才公开原先要打算解决的问题，然后逐条地考虑这些随意提出来的想法能否成为解决原有问题的启示。这种方法可能会引起许多对解决其他问题有价值的建议，从而达到寻求卓越问题解决对策的目的。

活动人数以5~12名为佳，尽可能由不同专业的人参加。最好是在安静的环境中进行，与会议室等相比，舒适的接待室更为理想。活动中，学习者可以用"思维导图"App及时梳理记录讨论过程。

【活动步骤】

(1)活动前，组织者设计好讨论的关键词，如要解决信息技术对教师教学的重要性的问题，可以用"技术"作为关键词。

(2)组织者组织学习者围坐在一起，介绍"思维导图"App的操作方法。

(3)组织者给出讨论的关键词，让学习者自由发表意见。当与实质性问题有关的设想出现时，组织者要马上将其抓住，使问题向纵深发展，并给予适当的启发，同时指出方向，使讨论继续下去，在最佳设想好像已经出现，时间又将接近终点时，要使实质问题逐渐明朗化。

(4)组织者引导学习者总结讨论结果。

(5)组织者进行活动总结，说明本次活动采用的方法为戈登法，介绍戈登法的基本情况。

【活动资源】

无。

【活动提示】

(1)戈登法有两个基本观点：一是"变陌生为熟悉"，即运用熟悉的方法处理陌生的问题。二是"变熟悉为陌生"，即运用陌生的方法处理熟悉的问题。

(2)戈登法能避免思维定式，打破惯性思维的束缚去思考，充分发挥群体智慧，以达到寻求创新对策的目的。

【极简教育技术】

"思维导图"App 的简介、获取方法和操作方法详见本部分的模块四活动一。

六．六顶思考帽

【活动目标】

(1)学习者体验从不同的角度表达观点。

(2)通过思维碰撞提升群体决策的创造性，给出解决问题的对策。

(3)学习者了解一种新的问题解决方法——六顶思考帽。

【活动时间】

20 分钟。

【活动简介】

六顶思考帽是英国爱德华·德·博诺(Edward de Bono)博士开发的一种思维训练模式，或者说是一个全面思考问题的模型。它提供了"平行思维"的工具，避免将时间浪费在互相争执上。强调的是"能够成为什么"，而非"本身是什么"，是寻求一条向前发展的路，而不是争论谁对谁错。运用六顶思考帽，将会使混乱的思考变得更清晰，使团体中无意义的争论变成集思广益的创造，使每个人变得富有创造性。

六顶思考帽也是一个操作简单、经过反复验证的结构化思维工具，能够帮助使用者从不同角度思考同一个问题，用"平行思维"取代批判式思维和垂直思维，提出建设性意见，从而创造高效能的解决方案。思维导图又叫心智导图，是一种表达发散性思维的简单、有效的图形思维工具。运用六顶思考帽方法，结合思维导图工具，将会使混乱的思考变得更清晰，使团体中无意义的争论变成集思广益的创造。

在六顶思考帽方法中，使用六种不同颜色的帽子代表六种不同的思维模式。

(1)白色思考帽。

白色是中立而客观的。戴上白色思考帽，人们思考的是关注客观的事实和数据。

(2)绿色思考帽。

绿色代表茵茵芳草，象征勃勃生机。绿色思考帽寓意创造力和想象力。具有创造性思考、头脑风暴、求异思维等功能。

(3)黄色思考帽。

黄色代表价值与肯定。戴上黄色思考帽，人们从正面考虑问题，表达乐观的、满怀希望的、建设性的观点。

(4)黑色思考帽。

戴上黑色思考帽，人们可以运用否定、怀疑、质疑的看法，合乎逻辑地进行批判，尽情发表负面的意见，找出逻辑上的错误。

(5)红色思考帽。

红色是情感的色彩。戴上红色思考帽，人们可以表达自己的情绪，还可以表达直觉、感受、预感等方面的看法。

(6)蓝色思考帽。

蓝色思考帽负责控制和调节思维过程。负责控制各种思考帽的使用顺序，规划和管理整个思考过程，并负责做出结论。

【活动步骤】

(1)组织者将学习者按照10~15人一组分成若干小组，学习者戴上帽子，介绍六顶思考帽的理念和各种颜色帽子所代表的含义、"XMind"App和"幕布"微信公众号的操作方法。

(2)组织者给出讨论主题"极简教育技术对教学的影响"。

(3)学习者以组为单位开展讨论，每位学习者尝试从本人帽子颜色所代表的立场和观点出发，提出尽可能多的意见和看法。学习者利用思维导图工具记录讨论过程，根据帽子颜色不同，将意见和观点归类到对应颜色的分支下。

(4)各组展示讨论结果，每种颜色都挑选一名代表进行总结性陈述。

(5)各组自由讨论：与一般的头脑风暴相比，"六顶帽子"有哪些优点？平行思维相比对抗思维好在哪里？按照什么顺序进行发言更合理？

(6)各组分享讨论结果，相互点评。

(7)组织者进行活动总结。

【活动资源】

六种不同颜色(白色、红色、蓝色、黑色、黄色和绿色)的纸帽若干。

【活动提示】

对六顶思考帽理解的最大误区就是仅仅把思维分成六个不同颜色，对六顶思考帽的应用关键在于用何种方式去排列帽子的顺序，也就是组织思考的流程。只有掌握了如何编织思考的流程，才能说是真正掌握了六顶思考帽的应用方法，不然往往会让人感觉这个工具并不实用。

下面是一个六顶思考帽在会议中的典型应用步骤。

(1)陈述问题(白帽)。

(2)提出解决问题的方案(绿帽)。

(3)评估该方案的优点(黄帽)。

(4)列举该方案的缺点(黑帽)。

(5)对该方案进行直觉判断(红帽)。

(6)总结陈述，做出决策(蓝帽)。

【极简教育技术】

一是"XMind"App。

(1)简介："XMind"是一款思维可视化工具，可以便捷地制作鱼骨图、矩阵图、时间轴、括号图、组织结构图等多种图示，帮助使用者更直观地记录、厘清复杂的想法，更好地安排事项。

(2)获取方法：打开手机自带的应用商店，搜索"XMind"，出现相应内容后，下载安装。

(3)操作方法：打开"XMind"App，单击主页右下角的加号按钮新建思维导图，双击主题可以编辑文字。单击选中主题，可以进行编辑、复制、粘贴、设置样式、删除等操作，可以在底部的工具条上进行添加子主题、设置关联等操作。制作完成后，单击右上角的三个点按钮，可以将思维导图导出成图片、PDF或其他格式的文件。

二是"幕布"微信公众号。

"幕布"微信公众号的简介、获取方法和操作方法详见本部分的模块四活动一。

七、名义群体法

【活动目标】

(1)促进学习者相互学习，提升群体决策能力。

(2)学习者了解一种新的问题解决方法——名义群体法。

【活动时间】

30分钟。

【活动简介】

名义群体法是一种集体讨论法，适用于复杂环境中的决策，群体人数一般为5～7人。群体成员相互见面，但在出主意、想办法时不允许彼此交谈，故名"名义群体"。

【活动步骤】

(1)活动前，组织者在优幕(UMU)平台上建立多个讨论小节，对应多轮讨论活动。

(2)组织者组织学习者围坐在一起，给出讨论主题"教师最需要的极简教育技术是什么"，在大屏幕上展示参与本轮讨论的二维码。

(3)学习者扫描二维码发表讨论意见，发表过程中不能彼此交谈。

(4)待所有人发表意见后，组织者在大屏幕上展示所有意见，学习者之间不进行任何讨论。

(5)组织者展示下一轮讨论的二维码，重复第三步和第四步，进行多轮讨论，直至将所有意见都找出为止。

(6)组织者组织对每一条意见进行讨论，学习者在澄清意见后表明是支持还是反对，学习者利用手机匿名写下对这些意见的看法，并对自己认为最好的意见点赞。

(7)组织者在平台中刷新大屏幕中展示内容，学习者的意见会按照点赞数量进行排序展示，点赞人数最多的意见就是最终决策意见。

(8)组织者进行活动总结，说明本次活动采用的方法为名义群体法，介绍名义群体法的基本情况。

【活动资源】

无。

【活动提示】

(1)本活动要在安静的场地中进行，学习者人数一般为5～7人，如果学习者人数较多，需要按5～7人一组将学习者分成若干组，每一组配一名组织者。

(2)名义群体法的好处是可以防止决策方案被能说会道但并没有真知灼见者去操纵，也可以防止自信心较低而表达能力不强者的好主意被埋没。

(3)开展名义群体法需要遵循的六项原则。

①需要事先做好充分的准备，熟悉优幕(UMU)的操作，活动过程中要组织得当。

②对任务的陈述要准确、清楚，并且要让所有学习者都能够看见。

③认真完成每一个步骤，以避免减弱该方法的使用效果。

④监督每个讨论群体在规定的时间内完成每一步骤。

⑤整个活动过程要坚持公正平等的原则。

⑥确保活动参加者在讨论过程中提出的各项建议是积极而富有建设性的。

【极简教育技术】

优幕(UMU)。

(1)简介：优幕(UMU)是一个互动学习平台，可以快速创建一门在线课程，开展在线教学。支持建立语音、视频、文档、文章图文等形式的课程内容，建立问卷、签到、讨论、提问、拍照、考试、AI作业、抽奖、游戏等课程环节，还可以进行多人视频会议和互动式直播教学。

(2)获取方法：在计算机中，百度搜索"UMU"，打开官方网站。在手机中，打开自带的应用商店，搜索"UMU"，出现相应内容后，下载安装。

(3)参与方法：组织者打开优幕网站，注册并登录，建设一门课程后，添加讨论小节、调查小节。需要展示参与讨论二维码或讨论结果时，打开优幕网站，在课程详情页面单击右上角的"大屏幕"按钮，选择相应的讨论小节，单击底部工具条上的"全屏"按钮全屏展示内容，单击"下一页"按钮切换展示内容。学习者在微信中扫描活动二维码，发表意见参与活动。

八、百闻不如一见

【活动目标】
(1)学习者了解短视频拍摄及制作技巧。
(2)提高学习者利用视频进行展示交流的水平。
(3)增加学习者对家乡的了解。

【活动时间】
45分钟。

【活动简介】
学习者以视频的方式介绍自己家乡——"百闻不如一见"。学习者用语言描述自己家乡的样子，讲述家乡的故事，并结合网上的资源，利用"小影"App或"剪映"App制作出效果最佳的短视频。通过本活动，学习者在了解短视频拍摄及制作技巧的同时，更加全面地了解自己的家乡。

【活动步骤】
(1)组织者将学习者按照家乡邻近原则分成若干小组，介绍"小影"App、"剪映"App的操作方法。
(2)各小组选择一名代表，介绍自己的家乡，讲述自己家乡的故事，其他组员根据代表的讲述确定短视频制作脚本。
(3)小组讨论确定作品主题，按照脚本进行创作单元的分配。在创作的过程中，可以根据主题确定人物、事件等拍摄素材，探索如何根据事件发展将影片拍出"非一般"的感觉，根据短片拍摄需要及组员的特长进行拍摄、配音、剪辑等角色的分工。如果条件允许，每个人可以尝试多个角色分工。
(4)各小组展示制作完成的短视频并分享制作经验，相互点评。
(5)组织者从最佳创意、最佳剪辑、最佳音效等多个角度评选出优秀作品，并给予奖励。
(6)组织者做活动总结。

【活动资源】
与学习者家乡相关的图片、视频、音频等素材。

【活动提示】
(1)微课是短视频的一种，组织者可以将活动与微课相结合，引导学习者总结微课特征与制作经验。
(2)组织者可以将活动延伸，组织学习者讨论移动互联时代的学习特点和"碎片化"学习的优缺点,倡导学习者关注移动学习,探索移动教学。

【极简教育技术】

一是"小影"App。

(1)简介:"小影"是一款短视频拍摄制作工具,集视频剪辑、教程玩法、拍摄为一体,具备逐帧剪辑、特效引擎、语音提取、4K高清、智能语音等功能。

(2)获取方法:打开手机自带的应用商店,搜索"小影",出现相应内容后,下载安装。

(3)操作方法:打开"小影"App,单击"视频编辑"按钮,选择手机中的照片和视频素材后单击"下一步"按钮,进行分割、变速、转场、旋转等镜头剪辑,设置主题、音乐、滤镜、特效后,单击"保存"按钮将视频导出到手机相册。打开手机相册,就可以查看刚刚编辑好的视频了。

二是"剪映"App。

(1)简介:"剪映"是抖音官方推出的一款手机视频编辑剪辑工具,带有全面的剪辑功能,支持变速,多样滤镜效果,以及丰富的曲库资源。

(2)获取方法:打开手机自带的应用商店,搜索"剪映",出现相应内容后,下载安装。

(3)操作方法:打开"剪映"App,单击"开始创作"按钮,选择手机中的照片和视频素材后单击"添加"按钮,进行分割、变速、音量调节等剪辑,添加音频、文字、贴纸,设置特效后,单击页面中间的播放按钮观看成片效果,编辑完成后,单击"导出"按钮将视频导出到手机相册。打开手机相册,就可以查看刚刚编辑好的视频了。

九、我们的快乐瞬间

【活动目标】

(1)学习者掌握图文数字故事的制作方法。

(2)增进学习者之间的了解。

【活动时间】

45分钟。

【活动简介】

小组合作,将每位学习者成长过程中最快乐瞬间组合在一起,利用"美篇"App创作成图文数字故事,相互分享并点评。本活动可以增进学习者之间的了解,提高学习者的数字表达能力。

【活动步骤】

(1)组织者将学习者按照4~6人一组分成若干小组,介绍"美篇"App的操作方法。

(2)每位学习者分享一个成长过程中最快乐瞬间，小组合作将组员的所有快乐瞬间组合在一起，利用"美篇"App创作成图文数字故事，总结数字故事制作的要点。

(3)各小组展示数字故事并分享制作要点，相互点评。

(4)组织者引导学习者总结出优秀数字故事的特点，拓展介绍"简书"数字创作社区。

【活动资源】

无。

【活动提示】

(1)"美篇"App创作成图文数字故事，可以添加背景音乐，让数字故事更加立体。

(2)数字故事是数字可视化的故事。数字故事可以激发学习者的学习兴趣和创造力，提高学习者的沟通能力和信息素养，培养学习者的设计、策划、语言、艺术综合素养。优秀数字故事具有五个特点：故事性强、画面简洁、文字清晰且数量较少、色彩构图合理、声音与图文搭配较好。可以从故事性、艺术性、技术性、创新性四个方面评价数字故事作品。

【极简教育技术】

一是"美篇"App。

(1)简介："美篇"是一款图文创作分享工具，可以快速将文字、图片、视频、音乐组合在一起，制作出图文并茂的文章。

(2)获取方法：打开手机自带的应用商店，搜索"美篇"，出现相应内容后，下载安装。

(3)操作方法：打开"美篇"App，单击底部是加号按钮新建一篇文章，输入标题后，单击正文部分的加号按钮添加图片、文字、视频等元素，可以直接拖动元素改变元素之间的顺序。编辑完成后，单击右上角的"预览"按钮预览，在预览页面可以添加模板、音乐，设置字体并排版。完成预览后，单击右上角的"下一步"按钮，设置标题和封面后发布作品。

二是"简书"App。

(1)简介："简书"是一个数字创作社区，是国内优质原创内容输出平台。利用"简书"App，可以快速创作一篇短文、一张照片、一首诗或一幅画，并进行相互分享交流。

(2)获取方法：打开手机自带的应用商店，搜索"简书"，出现相应内容后，下载安装。

(3)操作方法：打开"简书"App，注册并登录，单击右下角的加号按钮开始文章创作，输入标题和内容后单击右上角的"发布"按钮发布文章，在主页中可以查看社区中的各类作品。

十、网盘共享资源法

【活动目标】
(1)学习者掌握利用网盘管理数字资源的方法。
(2)学习者掌握基于网盘共享数字资源的方法。

【活动时间】
45 分钟。

【活动简介】
在知识经济条件下对某种资源利用的时候，必须充分利用科学技术知识来考虑利用资源的层次问题，在对不同种类的资源进行不同层次的利用的时候，又必须考虑综合利用问题。这就是"新资源观"，是在知识经济条件下解决资源问题的认识基础。

面对海量资源，如何高效进行数据资源的存储、同步、管理和分享，是学习者亟待解决的问题。活动中，学习者利用"百度网盘"App 可以对资源完成上述操作。通过本活动，学习者能客观地认识到自己的数据存储、同步、管理和分享能力，同时组织者可以向学习者介绍"腾讯微云"App，让学习者利用极简教育技术开展数据存储、同步、管理和分享，提升自己的专业水平及综合素养。

【活动步骤】
(1)组织者将学习者按照 4～6 人一组分成若干小组，展示受学生喜欢的 5 部短片资源，并展示利用"百度网盘"完成数据存储、同步、管理和分享的经验，激发学习者学习兴趣。

(2)组织者介绍"百度网盘"App 的操作方法。学习者按小组进行资源的搜索、上传、下载、链接分享、群组分享等相关操作练习。

(3)全体讨论：
①如今大家还是用优盘吗？
②利用网盘管理数字资源的优缺点？
(4)各组选派代表分享讨论结果，相互点评。
(5)组织者进行活动总结，介绍"腾讯微云"App 的操作方法。

【活动资源】
受学生喜欢的 5 部短片资源，注意不要涉及版权纠纷。

【活动提示】
"百度网盘"是百度面向个人和企业用户提供的网盘存储服务的平台，能够满足工作生活各类资源存储需求，已上线的功能包括群组功能、通讯录、相册、人脸识别、文章、记事本、短信、手机找回等。支持最大免费 2T 容量空间。

(1)群组功能：多人群组资源共享，实现资源的点对点、一对多、多对多共享、讨论功能。

(2)相册：照片的存储、浏览、分享和管理。

(3)人脸识别：图片智能分类、自动去重、以图搜图等功能，实现在海量图片中精准定位目标文件。

(4)通讯录备份："百度网盘"App 中的功能，提供通讯录同步、短信备份功能。苹果手机使用者可实现通讯录同步；安卓手机使用者可同步通讯录，备份恢复手机短信。

(5)手机找回："百度网盘"安卓版独有的功能。使用者设置找回功能后，在手机遗失时，可通过"百度网盘"网站在线锁定手机避免信息泄露，同时可发出警报、追踪定位提升手机找回的可能性。

(6)手机忘带：使用者需要在安卓手机上安装新版"百度网盘"App，同时在计算机端安装新版"百度网盘"客户。当"百度网盘"App 和"百度网盘"客户端中的"发现—手机忘带"功能同时处于开启状态时，手机上的通信信息能自动同步到"百度网盘"客户端。使用者在计算机上通过"百度网盘"客户端发起需求，即可查询近三天手机上的通话记录、短信。

(7)记事本：网络笔记功能，可在线编辑文档，直接保存至网盘。支持文字、图片、语音三种类型记事。

【极简教育技术】

一是"百度网盘"。

(1)简介："百度网盘"是一个提供数据存储、同步、管理和分享等服务的在线平台。使用者将可以轻松将自己的文件上传到网盘上，并可跨终端随时随地查看和分享。

(2)获取方法：在计算机中，百度搜索"百度网盘"，打开官方网站。在手机中，打开手机自带的应用商店，搜索"百度网盘"，出现相应内容后，下载安装。

(3)操作方法：在计算机中，打开"百度网盘"网站，注册并登录，单击"上传"按钮可以上传文件或文件夹，单击"新建"按钮可以新建文件夹、新建 Word、新建 PPT、新建 Excel、新建在线文档。在文件列表中选择相应文件夹中的文件可以进行查看、下载、分享等操作。如果上传、下载的文件较大，可以下载百度网盘的客户端，在客户端中进行操作。

在手机中，打开"百度网盘"App，注册并登录，单击底部的"文件"按钮，在文件列表中选择相应文件夹中的文件可以进行查看、下载、分享、删除等操作。在"文件"页面，单击右下角的加号按钮可以新建文件夹、新建共享、新建笔记、新建 PPT、新建 Excel，或者将手机中的照片、视频、文档、音乐或其他文件上传到网盘中。

二是"腾讯微云"。

(1)简介："腾讯微云"是一个集合了文件同步、备份和分享功能的云存储平台，使用者可以方便地在多设备之间同步文件、推送照片和传输数据等。

(2)获取方法：在计算机中，百度搜索"腾讯微云"，打开官方网站。在手机中，打开手机自带的应用商店，搜索"腾讯微云"，出现相应内容后，下载安装。

(3)操作方法：在计算机中，打开"腾讯微云"网站，使用 QQ 或微信账号登录，单击"上传"按钮可以上传文件或文件夹，单击"新建"按钮可以新建文件夹、在线表格、在线文档、新建 Word、新建 PPT、新建 Excel。在文件列表中选择相应文件夹中的文件可以进行查看、下载、分享等操作。如果上传、下载的文件较大，可以下载腾讯微云的客户端，在客户端中进行操作。

在手机中，打开"腾讯微云"App，注册并登录，单击底部的"文件"按钮，在文件列表中选择相应文件夹中的文件可以进行查看、下载、分享、删除等操作。单击底部的加号按钮，可以新建文件夹，上传图片和视频、文件，新建在线文档、在线表格、Word 文档、Excel 表格、PPT 幻灯片、笔记，以及语音速记和智能扫描等。

模块五

相互评价，自我反思

本模块聚焦评价与反思主题，引入基于极简主义理念的培训案例，为组织者创新活动设计思路提供了灵感。极简教育技术为学习者提供了开放性、多元性、科学性的评价和反思工具，在简化活动步骤的同时，有效帮助学习者培养客观、辩证的思维能力。

一、移动评课

【活动目标】

(1)学习者体验移动评课的过程。

(2)学习者掌握利用极简教育技术开展移动评课的方法。

【活动时间】

40分钟。

【活动简介】

听课教师在常规的听评课过程中，一般使用学校统一印制的听课记录本，按照学校的评课量表对主讲教师的教学进行打分，将教学过程和主观评价记录在听课本上。在评课时，听课教师结合记录本上的记录进行口头评价，主讲教师需要自行进行纸质记录，一般很难将许多听课教师的评价完整地记录下来。

本活动中，学习者利用极简教育技术进行评课记录，在手机中对主讲教师的教学进行打分，记录主观评价。活动后，主讲教师可以自主、完整地查看他人对自己教学的评价。

【活动步骤】

(1)活动前，组织者利用问卷网创建评课问卷，将评课量表、主观评价整合到问卷中，并设置"提交后可查看统计"权限。

(2)组织者将问卷链接或二维码发送给学习者，播放一节课的教学录像。如果时间有限，部分教学环节可以快进播放。

(3)学习者一边观看录像，一边进行移动评课。听课结束后，学习者提交问卷，并查看统计结果。

(4)全体讨论：

①信息技术给课堂评价带来了哪些改变？

②未来的课堂评价可能是什么样？

(5)组织者进行活动总结，倡导学习者积极探索利用极简教育技术开展移动评课的方法。

【活动资源】

一节课的教学录像。

【活动提示】

(1)移动评课没有完全改变过去的听评课模式，仅将评价部分由线下纸质改成线上数字化形式，对于学习者来说操作难度不大，很容易上手。

(2)本活动可结合真实听评课任务进行，组织学习者进入真实课堂，开展"纸质记录＋移动评课"式的听评课活动。

【极简教育技术】

"问卷网"的简介、获取方法和操作方法详见本部分的模块二活动三。

二、多元听评课

【活动目标】

(1)学习者体验移动听评课的过程。

(2)学习者掌握利用极简教育技术开展多元听评课的方法。

【活动时间】

40分钟。

【活动简介】

本活动打破常规听评课纸质记录的模式，将听评课记录转为线上，听课教师利用"爱评课"小程序进行线上协同听评课。

本活动中，学习者利用极简教育技术进行听评课记录，使用手机对主讲教师的教学进行打分，记录教学过程。评课后，主讲教师可以自主、完整地查看他人对自己教学的评价。

【活动步骤】

(1)组织者将学习者按照4～6人一组分成若干小组，介绍"爱评课"小程序的操作方法。每组利用小程序建立一个评课活动。

(2)播放一节课的教学录像。如果时间有限，部分教学环节可以快进播放。

(3)学习者一边观看录像，一边进行组内移动听评课记录。听课结束后，学习者提交记录结果，并查看统计结果。

(4)全体讨论：

①信息技术给听评课带来了哪些改变？

②未来的课堂评价可能是什么样？

(5)组织者进行活动总结，倡导学习者积极探索利用极简教育技术开展多元听评课的方法。

【活动资源】

一节课的教学录像。

【活动提示】

(1)本活动可结合真实听评课任务进行，组织学习者进入真实课堂，开展多元的听评课活动。

(2)"爱评课"将所有听课教师组成一个讨论组，可以协同记录教师的教学过程并进行定性、定量评价，讨论式的记录过程可以有效促进听课教师的深度思考，提升评课水平。

(3)将"爱评课"与直播教学结合起来，可以打破空间限制，开展跨区域评课，位于不同地点、身份各异的评课教师如同坐在一起，针对同一节课开展多元评课。

【极简教育技术】

"爱评课"小程序

(1)简介："爱评课"是一款支持多人协同听评课记录的小程序。它是引用弗兰德互动分析系统，依托中国基础教育质量监测中心的研究成果，在北京学习科学学会、海淀区的教研专家指导下，专门面向中小学研发的专业听评课工具，可在移动端完成听评课过程，简单易操作。它还支持与智能笔、纸质专用听课本配合使用，实现纸质与数字化的同步记录。

(2)获取方法：打开手机微信，单击微信主页右上方的搜索标志，在搜索框中输入"爱评课"，出现相应内容后，单击进入小程序。

(3)操作方法：打开"爱评课"小程序，注册并登录，单击底部"评课集"按钮可以查看以往的听评课记录，单击底部"我的"按钮可以进行个人信息设置。单击底部"评课/发布"按钮新建评课，输入课程基本信息后开始评课。进入评课页面后，可以在底部进行语音输入、文字输入记录；单击顶部的"二维码"按钮可以将评课二维码分享给其他听课教师，邀请他们一起进行评课；单击顶部的"二维码"按钮可以查看数据报告；单击底部的"笔记"按钮可以查看记录的数据统计情况；单击底部的"量表"按钮可以进行量化评价；单击底部的"更多"按钮可以进行拍照记录、拍摄视频记录、S-T打点等操作。

三、课堂互动分析

【活动目标】

(1)学习者了解课堂互动分析的基本原理。

(2)学习者体验课堂互动分析的过程。

【活动时间】

40 分钟。

【活动简介】[①]

互动分析是对课堂教学进行教学类型的编码与解读过程。为了使教师们获得客观的课堂教学质量评估信息以实现自我导向的成长发展,美国教育家弗兰德斯(Flanders Ned A.)在 20 世纪 60 年代提出了弗兰德斯互动分析系统 FIAS(Flanders Interaction Analysis System)。FIAS 是学习过程中重要的信息反馈工具,用于观察分析师生在课堂上的言语互动过程,它由三部分组成:以教师、学生的言语行为及沉寂情况这三大类别所划分的编码系统,其中包含 10 种互动行为编码;观察课堂教学进行编码的步骤规范;解码并对数据进行分析、呈现的方法。

FIAS 通过将传统课堂教学中基本的师生交互行为加以分类,可以通过编码较为客观地记录课堂教学交互过程,之后通过对分析矩阵的统计分析,可以得到直观的互动分析结果,为教师的教学质量评估及提升提供了重要依据。

首都师范大学方海光教授团队在国内外已有研究成果的基础上,研发了改进型弗兰德斯互动分析系统(improved Flanders Interaction Analysis System,iFIAS),更适合在信息化教学中进行应用,"ClassEyes"小程序是 iFIAS 理论的具体体现。

通过本活动,学习者能够了解课堂行为的类型、课堂互动分析的基本原理,体验课堂互动分析的过程。

【活动步骤】

(1)组织者讲解课堂互动分析的基本原理,介绍"ClassEyes"小程序的操作方法。

(2)播放一节课的教学录像。如果时间有限,可以播放部分片段。

(3)学习者一边观看录像,一边在小程序中记录课堂中的师生行为。听课结束后,学习者提交记录结果,并查看统计结果。

(4)全体讨论:

---

① 方海光,高辰柱,陈佳.改进型弗兰德斯互动分析系统及其应用[J].中国电化教育,2012(10):109-113.

①课堂互动分析给教学评价带来了哪些改变?

②人工智能技术与课堂互动分析理论结合后,会带来哪些改变?

(5)组织者进行活动总结,倡导学习者积极利用课堂互动分析理论与工具开展教学评价的研究与实践。

【活动资源】

一段师生积极互动的课堂教学录像。

【活动提示】

(1)本活动可结合真实听评课任务进行,组织学习者进入真实课堂,开展课堂互动分析活动。

(2)在课堂教学的过程中,一般存在三种互动方式:情感互动、行为互动和思维互动。行为互动作为一种外显的行为,常作为课堂观察与分析、课堂评价的抓手,量化性的记录课堂互动行为成为专家学者研究的热点内容,其中最为经典的就是弗兰德斯互动分析理论。

(3)改进型弗兰德斯互动分析系统中14种互动行为的含义如表2-1所示。

表2-1 改进型弗兰德斯互动分析系统中14种互动行为的含义

序号	行为类型	互动行为	含义
1	教师行为	教师接受情感	教师以平和的方式接纳与清理学生的积极或消极的态度、情绪。这个情绪可能与教学是无关的,强调教师面向学生的一种态度——平和的心态。
2		教师表扬或鼓励	教师对学生的回答或表现以口头上或者肢体上的赞扬。
3		教师采纳学生观点	澄清、扩大或发展学生所提出的意见或想法。这一类包括教师延伸学生的意见或想法,但是当教师呈现较多自己的意见或想法时,则属于第五类——教师讲授。
4.1		教师提问开放性问题	以教师的意见或想法为基础,询问学生开放性的问题,并期待学生回答。
4.2		教师提问封闭性问题	以教师的意见或想法为基础,询问学生封闭性的问题,并期待学生回答。
5		教师讲授	就内容或步骤提供事实或见解;表达教师自己的观念,提出教师自己影响的解释,或者引述某位权威者(而非学生)的看法。
6		教师指令	命令或指示、指令或命令,此类行为具有期望学生服从的功能。
7		教师批评或维护权威	陈述的语句内容为企图改变学生的行为,从不可接受的形态转变为可接受的形态,责骂学生;说明教师为何采取这种作为,极端地自我参照。

续表

序号	行为类型	互动行为	含义
8	学生行为	学生被动应答	学生为了回应教师所讲的话。教师指定学生答问，或是引发学生说话，或是建构对话情境。学生自由表达自己的想法是受到限制的。
9.1		学生主动应答	学生主动开启对话。表达自己的想法；引起新的话题；自由地阐述自己的见解和思路，像是提出具思考性的问题；超越既有的架构。
9.2		学生主动提问	主动提出问题，自由地表达自己的见解。
10		学生与同伴讨论	讨论、交流看法。
11	沉寂情况	无助于教学的混乱	不利于教学展开的安静或混乱，以致观察者无法了解师生之间的沟通。
12		有益于教学的沉寂	教师让学生独立思考或完成学习任务时发生的沉寂。如做练习、思考问题。
13	技术使用情况	教师操纵技术	教师使用技术教。
14		学生操纵技术	学生使用技术学。

【极简教育技术】

"ClassEyes"小程序。

(1)简介："ClassEyes"是由首都师范大学方海光教授团队研发的改进型弗兰德斯课堂互动分析工具，具有人工标注和自动分析出报告的功能。使用者基于课堂互动的14种行为标签可以对课堂互动行为进行准确记录，最终生成评价报告，操作简单。

(2)获取方法：打开手机微信，单击微信主页右上方的搜索标志，在搜索框中输入"ClassEyes"，出现相应内容后，单击进入小程序。

(3)操作方法：打开"ClassEyes"小程序，注册并登录，单击底部"用户"按钮可以查看常用操作说明。单击底部"我的课堂"按钮查看自己建立的全部课堂，单击右下角的加号按钮新建课堂，输入基本信息并保存，时间间隔一般选择15秒或30秒。在课堂列表中找到刚建好的课堂，单击"去评价"按钮进入评价环节，单击"开始"按钮开始评价。在评价的过程中，学习者需要根据听课情况及时选择一种互动行为，系统会自动进行计时，评价完成后单击"结束"按钮结束评价。在课堂列表中找到刚评价完成的课堂，单击"查看评价"按钮查看记录分析结果，包括课堂编码、课堂时间线、迁移矩阵及课堂交互比例等内容。

四、猜猜我是谁

【活动目标】

(1)学习者感受自我评价、他人评价的差异。

(2)学习者了解自己在同伴眼中的印象,促进自我反思。

【活动时间】

20 分钟。

【活动简介】

自我评价、他人评价是评价中常用的两种评价方式。自我评价是学习者按照一定的评价目的与标准,对自身的工作、学习、品德等方面的表现进行价值判断;他人评价是指学习者以外的人对学习者进行的评价。自我评价能充分调动学习者的学习积极性,而他人评价可信度较高,相对更加客观,具有一定权威性。

自我评价、他人评价之间往往存在差异,这种差异是由于多种因素影响而形成的。本活动通过匿名收集他人对自己的评价,可以让学习者感受自我评价、他人评价的差异,帮助学习者更加客观地认识自己,促进学习者自我反思,更加关注他人,改进自身行为表现。

【活动步骤】

(1)组织者将学习者按照 4~6 人一组分成若干小组,介绍"悄悄话问答"小程序的操作方法。

(2)组内一位学习者利用"悄悄话问答"小程序建立讨论活动,讨论问题设置为"你对我的第一印象是什么",将建立好的活动分享给组内其他学习者。组内学习者进行讨论,讨论完成后再换下一位学习者建立讨论活动,直至完成每位学习建立的讨论活动。

(3)组织者介绍"草料二维码"小程序的操作方法,学习者利用"草料二维码"小程序,写一段关于组内某位学习者性格特征的描述文字(不超过 100 字),并生成二维码进行组内分享。

(4)学习者扫描组内成员制作的二维码,根据文字描述猜测描述的对象。

(5)学习者轮流揭晓答案,相互讨论。

(6)组织者进行活动总结,倡导学习者在教学中对学生进行多元评价,提高评价的科学性。

【活动资源】

无。

【活动提示】

(1)利用"悄悄话问答"小程序创建的讨论活动,只有问题的发布者才能看到他人对自己的评价。匿名讨论的形式保证了每位学习者都能够卸下心理包袱，避免公开评价他人而造成的尴尬气氛，让活动过程生动有趣，促进彼此的沟通和交流。

(2)学习者的能力和特长表现在不同方面，不同学习者之间存在较大差异。因此，对学习者的评价应该从多方面进行，这就是多元评价的理念。一般来说，多元评价体现在评价主体多元化、评价内容多维化、评价方法多样化等方面。

①评价主体多元化：由不同角色的人组成评价主体，如在开展学生评价的过程中，评价的主体可以由学科教师、班主任、学生本人、同学、家长等组成。

②评价内容多维化：综合各方面内容开展评价，而不仅仅从单一的某个方面开展评价。

③评价方法多样化：根据评价需求采取多种评价方法相结合的评价方式。如：依据评价主体不同，可采用自我评价和他人评价。依据评价内容不同，可采用量化评价和质性评价。量化评价是指运用数学、统计学工具，收集、处理评价对象的资料，通过数量化的分析和计算，进而对评价对象做出价值判断的评价方法，一般包括标准化测验、常模测验等；质性评价是指确定评价对象主观态度是否积极、方向是否正确而对部分细节采取模糊评价的方法，一般包括课堂行为记录、项目调查、书面报告、作业等。依据评价手段不同，可采用人工评价或计算机评价。

【极简教育技术】

一是"悄悄话问答"小程序。

(1)简介："悄悄话问答"是一款多人在线匿名问答、讨论的小程序。

(2)获取方法：打开手机微信，单击微信主页右上方的搜索标志，在搜索框中输入"悄悄话问答"，出现相应内容后，单击进入小程序。

(3)操作方法：打开"悄悄话问答"小程序，单击"设置悄悄话问题"按钮，选择问题后单击"确定"按钮，可以将生成的讨论转发到微信群，或者将讨论二维码图片保存到手机中、转发到微信朋友圈。他人打开讨论后，即可匿名回答问题。

二是"草料二维码"。

(1)简介："草料二维码"是国内专业的二维码服务平台，提供二维码生成、美化、印制、管理、统计等服务。利用该平台，可以通过采集二维码展示相关数据，实现管理流程的数字化，提高工作效率。

(2)获取方法：在计算机中，百度搜索"草料二维码"，打开官方网站。在手机中，打开手机微信，单击微信主页右上方的搜索标志，在搜索框中输入"草料二维码"，出现相应内容后，单击进入小程序。

(3)操作方法：打开"草料二维码"网站，在主页的文本框中输入文字，单击"生成二维码"按钮将文字生成为二维码，单击"下载图片"按钮下载二维码图片。

打开"草料二维码"小程序，单击底部的"生码"按钮，在文本框中输入文字，单击"生成二维码"按钮将文字生成为二维码，单击"保存到相册"按钮将二维码图片保存到手机相册中。打开手机相册，就可以查看刚制作好的二维码了。

五、你最优秀

【活动目标】
(1)学习者学会发现他人身上的优点。
(2)学习者感受到被别人欣赏的激励作用。
(3)营造一种积极向上的培训氛围。

【活动时间】
20分钟。

【活动简介】
在各类培训中，学习者能结识本地区、本学科的其他教师，并在培训过程中结下深厚的友谊。在本活动中，学习者利用"Canva可画"小程序或"量子奖状"小程序进行创作，将自己的祝福和评价内容制作成电子贺卡(奖状)，送给培训中认识的新朋友。学习者掌握电子贺卡(奖状)的制作方法以后，在日常工作中也可以将电子贺卡(奖状)作为一种正面的激励手段应用于教学评价中。

【活动步骤】
(1)学习者按照5~6人一组的原则自由组合成若干小组。
(2)学习者在纸上写下自己所发现的小组其他成员身上的优点或闪光之处，特别是培训过程中对方给自己留下的最深刻的印象
(3)组织者介绍"Canva可画"小程序、"量子奖状"小程序的操作方法。
(4)学习者利用"Canva可画"小程序或"量子奖状"小程序提供的精美模板，将文字内容替换成对每个小组成员的评价，制作成电子贺卡(奖状)，并分享给其他成员。组织者鼓励动手能力强的学习者尝试替换图片、logo等内容，进一步美化电子贺卡(奖状)。
(5)学习者在组内讨论交流并分享感受：

参与活动的过程中，你感受如何？你觉得表扬每一位小组成员容易吗？在你接到自己的优点单时，你的心情如何？怎么把电子贺卡(奖状)设计并制作得更加精美？

(6)组织者进行活动总结，鼓励学习者在今后的工作中将电子贺卡(奖状)作为一种正面的激励手段应用于教学评价中，开展可记录的数字化评价。

【活动资源】
无。

【活动提示】

每次培训中，学习者们都会在培训中建立融洽的关系，而培训结束时不得不各奔东西，此时大家会感到十分伤感，难以直接用语言表达自己的心情。本活动可以为学习者提供一个比较间接的表达方式，让学习者主动观察并发现身边其他人的长处，并采用数字化手段表达出来，并根据他人的评价反思提升自己。电子贺卡(奖状)是数字化评价中常用的一种方式，同时也能给学习者留下一个永久的纪念，帮助学习者从中汲取鼓舞向上的精神力量，提升自尊和自信。

【极简教育技术】

一是"Canva 可画"小程序。

"Canva 可画"小程序的简介、获取方法和操作方法详见本部分的模块一活动二。

二是"量子奖状"小程序。

(1)简介："量子奖状"是一个能够快速生成电子奖状的小程序，支持一键批量制作，私人定制模板等功能，制作简单快捷。

(2)获取方法：打开手机微信，单击微信主页右上方的搜索标志，在搜索框中输入"量子奖状"，出现相应内容后，单击进入小程序。

(3)操作方法：打开"量子奖状"小程序，在首页中可以选择精选模板，也可以单击底部的"分类"按钮选择不同类别的模板。选中模板后可以进入制作界面，输入相应的内容后单击"生成并保存"按钮，将制作好的电子奖状保存到手机相册中。打开手机相册，就可以查看刚刚制作好的电子奖状了。

六、黄金圈思考法

【活动目标】

(1)促进学习者更有逻辑地思考问题。

(2)学习者掌握一种思维练习方法——黄金圈思考法。

【活动时间】

20 分钟。

【活动简介】

"黄金圈"是思考、行动和沟通的一种方法，也是一种思考模式，源自西蒙·斯涅克的《从"为什么"开始：乔布斯让 Apple 红遍世界的黄金圈法则》，"黄金圈思考法"由此流行起来，如图 2-3 所示。"黄金圈"这个名字，是受到黄金分割的启发而来的。

人们在思考如何做某件事情的时候，一般都会经历三个步骤：首先是做什么，其次是如何做，最后思考甚至不思考为什么做。而这三个步骤是没有经过严密逻辑思考过的，没有把最根本的做事情的原因想清楚，也就是没有找到做这件

图 2-3 黄金圈

事情最根本的出发点。因此这样三个步骤往往令思考从清晰变得模糊,最后不能取得理想的结果。正如我们常说的那句话"我们走得太远了,以至于我们忘记了为什么出发"。

黄金圈思考法强调思考、行动要经历为什么、如何做、做什么三个步骤,进行以目标导向的思考和行动,让思考经历从模糊到清晰的过程。

(1)为什么(Why):做一件事的原因、目标和信念是什么。

(2)怎么做(How):实现目标的途径和方法是什么。

(3)做什么(What):事情的表象和具体实施的动作是什么。

【活动步骤】

(1)组织者请学习者回顾做某件事情的一般决策过程,如升学考研、职业规划、购买某件物品等,在意义不明确的前提下是否达到了理想的目标。

(2)组织者介绍黄金圈思考法及"思维模型刻意练"小程序的操作方法。

(3)学习者利用"思维模型刻意练"小程序进行自主练习。

(4)全体讨论:

①黄金圈思考法有哪些优势?

②黄金圈思考法对今后的工作生活有什么意义?

③还有哪些经典的思考方法?

(5)组织者进行活动总结,倡导学习者去学习更多的思考方法,并利用其提升自己的工作水平。

【活动资源】

无。

【活动提示】

黄金圈思考法的优势在于帮助我们在行动之前弄清楚做某件事情的意义和价值。"做什么"固然重要,但一定要先明确"为什么",因为正确定义目标是做一切事情的基础。

【极简教育技术】

"思维模型刻意练"小程序。

(1)简介:"思维模型刻意练"是一款进行常见思维模型练习的小程序,支持SWOT、SMART、波特五力、PEST、黄金圈、波士顿、4P营销等模型的练习。

(2)获取方法:打开手机微信,单击微信主页右上方的搜索标志,在搜索框中输入"思维模型刻意练",出现相应内容后,单击进入小程序。

(3)操作方法:打开"思维模型刻意练"小程序,选择"黄金圈法则"菜单,单击"开始练习"按钮,填写相应内容后单击"添加"按钮完成练习。在练习题目的列表中,单击已完成练习题目的标题,可以查看该练习的详细内容。

七、人生之路

【活动目标】

(1)促进学习者自我反思。
(2)让已经相识的学习者彼此变得更加熟悉,促进情感的共融互通。
(3)通过相互交流,促进学习者之间相互学习。

【活动时间】

20分钟。

【活动简介】

每一位学习者都有精彩的人生经历,回顾并相互分享自己的成长过程,在增进情感共融互通的同时,可以促进学习者自我反思,并从中汲取珍惜当下、为了美好生活努力奋斗的力量。

学习者往往都对同伴的成长经历十分感兴趣,希望有深入的了解。通过对成长经历的相互分享,可以促进学习者之间的相互学习,也为相互评价奠定了基础。

本活动以画"人生之路"的活动形式,促使参与者积极主动地进行自我反思,并通过参与者之间的分享交流,帮助他们更加深入地思考自己的人生历程。

【活动步骤】[①]

(1)组织者参照如下方式引导学习者,要求学习者用纸笔画出自己的人生轨迹:

请闭上眼睛,深呼吸,保持平静。

现在,请你回忆自己已经度过的人生,你可以将自己的人生轨迹想象成一条

[①] 陈向明. 在参与中学习与行动——参与式方法培训指南(下册)[M]. 北京:高等教育出版社, 2003.

路，这条路的起点是你出生时，中间点是当下。

仔细回想，你曾经有过哪些人生理想？这些理想实现了吗？你的人生路上发生过哪些影响深远的事件？这些事件及哪些人对你产生了什么影响？回顾自己的成长之路，你有哪些感想？

如果可能，你希望自己今后的人生之路如何延伸？请发挥想象，画出自己的成长道路。

(2)学习者用纸笔形象地画出自己的"人生之路"，两人一组相互阐述本人图画的含义，讲述自己主要的人生经历。

(3)组织者介绍"美篇"App、"腾讯相册"小程序的操作方法，学习者制作"我的人生之路"数字故事，自由分享给其他学习者，相互观看。

(4)组织者引导学习者进行自由讨论：画图对我们反省自己有什么帮助？与同伴交流对更深入地感知和认识自己有什么作用？从同伴的成长经历中，学习到了什么？

(5)组织者进行活动总结，倡导学习者从自己和同伴的成长经历中汲取力量，珍惜当下，为更美好的生活而努力奋斗。

【活动资源】

无。

【活动提示】

(1)很多彼此不是很熟悉的学习者，往往很难开展有深度的交流。利用本活动可以快速增进彼此之间的了解，促进学习者找到共同的兴趣点，建立信任，消除交流双方的防备心理，营造融洽的培训氛围。

(2)如果学习者认为分享自出生以来的成长经历有困难，组织者可以适当调整时间要求，如自上大学以来或者自工作以来的经历。

【极简教育技术】

一是"美篇"App。

"美篇"App的简介、获取方法和操作方法详见本部分的模块四活动八。

二是"腾讯相册"小程序。

(1)简介："腾讯相册"是由腾讯公司出品的一款数字影集制作、照片和视频备份工具，操作简单、分享便捷。

(2)获取方法：打开手机微信，单击微信主页右上方的搜索标志，在搜索框中输入"腾讯相册"，出现相应内容后，单击进入小程序。

(3)操作方法：打开"腾讯相册"小程序，单击"新建动感影集"按钮，选择影集模板，选择并上传手机中的照片或拍摄的照片，上传完成后单击"开始制作"按钮进行制作，单击"完成"后可以分享制作好的数字影集。单击右下角的加号按钮开始制作，可以选择手机相册中的照片、视频，或者选择导入微信中的照片、视频,也可以直接拍摄照片或视频。选择或拍摄好照片、视频后,单击"确认上传"按钮上传文件,即可将文件保存在云端。

八、最后通牒

【活动目标】

(1)学习者反思自己的拖沓习惯。

(2)学习者掌握利用极简教育技术提升时间管理水平的方法。

【活动时间】

20 分钟。

【活动简介】

在工作和生活中,大多数人对于不紧急的任务往往会采取拖延的态度,直到最后期限到来才抓紧时间努力完成。拖沓的原因是完美主义倾向造成的。完美主义是一种对失败的"失能性"恐惧,所谓"失能性",是指面对困难时失去行动能力。如何克服完美主义倾向,迅速制定一个简单但有效的行动计划?本活动旨在帮助学习者深刻反思自身的拖沓习惯,掌握利用极简教育技术提升时间管理水平的方法。

【活动步骤】

(1)组织者向学习者抛出问题:你是否接受过紧急任务?当时是什么情形?你的感受如何?

(2)随机请多名学习者依次回答问题,引起现场学习者的共鸣。

(3)学习者在纸上列出当前所有的待办事项,事项不分先后。

(4)组织者带领学习者在纸上绘制图 2-4,再引导学习者根据重要程度、时间的紧急程度对事项进行分类,将待办事项逐一填到对应的象限中。

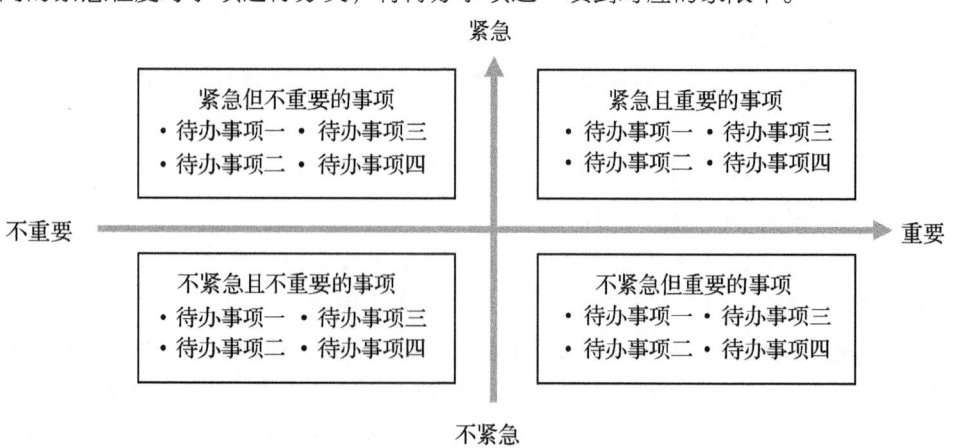

图 2-4 待办事项清单

(5)全体讨论：

①使你精力虚耗的事项落在哪个象限？（答案一般是第二象限）

②你当下最要紧的是完成哪个象限的任务？（答案是第一象限）

③如果你想掌握生活的主动权，管理好时间的秘密藏在哪个象限？（答案是第四象限）

(6)组织者介绍"嘀嗒清单"App的操作方法。学习者打开App，将四个象限的待办事项归类到四个不同的组，并将第一象限的任务优先级设为最高（添加到App首页）。

(7)组织者进行活动总结，引导学习者将全部精力集中到第一象限的事项上，列出所有可行的方案，给自己下一份"最后通牒"，然后立即行动！

【活动资源】

无。

【活动提示】

时间管理是所有人都会面临的现实问题，一种有趣的说法是："Deadline才是第一生产力"。心理学研究表明，人们往往会被萦绕在心头的琐事牵扯太多精力，而将真正重要的事情拖到临近截止才完成。制定一个有效的行动计划其实非常简单，将待办事项放到坐标的不同象限中，然后紧盯着第一、第四象限，催促自己迅速进入状态，原本让人烦心的问题就会神奇地解决！

【极简教育技术】

"嘀嗒清单"App。

(1)简介："嘀嗒清单"是一款时间管理应用。能够帮助使用者高效完成任务和规划时间，支持添加标签、任务排序、定义优先级、周期提醒、协作共享、集成日历和跨设备云同步等实用功能。

(2)获取方法：打开手机自带的应用商店，搜索"滴答清单"，出现相应内容后，下载安装。

(3)操作方法：打开"嘀嗒清单"App，注册并登录，单击右下角的加号按钮添加待办事项，输入待办事项内容，设置预计完成日期、优先级，单击添加按钮完成添加。在首页，单击右上角的更多按钮选择"排序"，选择按优先级排序后，列表中的任务就会按照优先级进行自动归类了。

九、我看到了什么

【活动目标】

(1)学习者了解自己看事情的角度。

(2)学习者认识到转换角度看问题的重要性。

【活动时间】

20 分钟。

【活动简介】

每个人大脑中都存在着各种思维定式，只不过很多时候我们都不会主动关注到这一点。本活动通过学习者观察双关图，引导学习者了解自己看事情的角度，认识到转换角度看问题的重要性，促进学习者自我反思，不断审视并打破常规思维定式，从多个角度思考问题。

【活动步骤】

(1)组织者通过大屏幕向学习者展示双关图片，同时问他们看到了什么。

(2)学习者大声说出自己看到的内容，相互讨论，比较不同的角度看到的不同内容。

(3)组织者介绍极简搜索法。学习者利用极简搜索法搜索更多双关图片，相互讨论。

(4)全体讨论：

①为什么不同的人看到的内容不一样？

②是什么造成了这种差异？

③本活动对今后的工作生活有什么意义？

(5)组织者进行活动总结，帮助学习者领悟转换角度看问题的重要性，倡导学习者在今后的工作生活中积极尝试从不同的角度看问题。

【活动资源】

多个双关图，如图 2-5 所示。

图 2-5 双关图

【活动提示】

本活动可以作为一个较长的提高分析能力活动之前的预热，使大家的思维活跃起来。在观看双关图时，通常不同的学习者会看到两个不同的头像，如图 2-5 的双关图：①一位年轻、漂亮的贵妇的侧影；②一位年老、丑陋妇人的半边脸。

经组织者或其他参与者提示,大部分学习者也能够看到另外一幅画像,但看到的时序有所不同。有时候也有小部分人始终无法辨认两个不同的头像。

随后的讨论可以使大家认识到,每个人的心理认知结构都是不同的,因此他们对外在刺激的反应也不同。对学习者而言,不存在外在于学习者之外的、绝对客观的知识。知识都是建构的结果、不同的人建构知识的方式是不同的。只有那些对学习者有意义的知识,才可能被整合到他们的知识结构中,长期地保留下来,并不断地得到激活。因此,无论是在组织参与式学习,还是进行任何其他形式的学习,组织者都要注意了解不同学习者的心理认知结构,以及他们建构知识的不同方式,以便帮助他们在现有知识的基础上,建构起对他们自身有意义的知识体系。

【极简教育技术】

极简搜索法。

(1)简介:极简搜索法是利用微信自带搜索功能搜索微信中海量资源的方法。

(2)操作方法:打开手机微信,单击上方的小放大镜图标,选择文章搜索,输入关键词,就可以立刻看到很多精彩的内容,让你获得新的思路。

十、反思笔记

【活动目标】

(1)学习者学习在培训的过程中反思自我。

(2)学习者通过反思自觉地指导自己下一步的行动。

【活动时间】

20 分钟。

【活动简介】

笔记是一种常用的思维工具,反思笔记是促进学习者自我反思、提升思维逻辑性、促进深度思维的有效工具。本活动通过让学习者撰写反思笔记,帮助学习者在培训的过程中反思自我,并通过反思自觉地指导自己下一步的行动。

【活动步骤】

(1)组织者介绍"印象笔记"App 的操作方法。

(2)学习者利用"印象笔记"App 撰写反思笔记,记录自己对培训内容和方法的思考,以及自己的收获和体会。

(3)学习者将撰写好的反思笔记发到微信群中,相互交流笔记的内容。

(4)全体讨论:

①大家的反思笔记有什么不一样?

②反思笔记应包含什么要点?

③反思笔记对本次培训以及自己以后的工作有什么作用?

(5)组织者进行活动总结,鼓励学习者在学习过程中养成撰写反思笔记的习惯,利用反思笔记提升自己。

【活动资源】

无。

【活动提示】[1]

反思笔记有很多种不同的写法,并没有统一、固定的格式,所涉及的内容可以是一次活动、一个培训班的全部活动、个人一个时期的工作状况、一个项目的实施过程、对一个问题的分析等。不同的内容需要有不同的反思方式,其笔记也应该反映出这种不同。表2-2中提供的反思笔记针对的是一次活动,要求学习者对这次活动的内容、个人的感想以及仍旧存在的困惑进行反思。表2-3针对的是一个培训班的全部活动,要求学习者对活动的内容和方法、存在的问题和改进的对策等进行反思。在培训的过程中,组织者可以根据情况要求学习者自主设计不同的反思记录表,也可以不限格式,让学习者采取个性化的方式进行反思和表达。

表2-2 反思笔记格式(针对一次活动)

	反思者姓名	
	时间	
	地点	
	参加人员	
	活动内容	
自我反思	我最大的收获是	
	我最高兴的事情是	
	我最不高兴的事情是	
	我最惊奇的事情是	
	仍旧存在的问题	
	今后需要采取的行动	

---

[1] 陈向明.在参与中学习与行动——参与式方法培训指南(下册)[M].北京:高等教育出版社,2003.

表 2-3　反思笔记格式(针对一个培训班)

培训班名称：　　　　时间：　　　　地点：　　　　参加者：

活动	内容	方法	问题	对策
热身				
访谈				
观察				
绘图				
制表				

【极简教育技术】

"印象笔记"App。

(1)简介："印象笔记"是一款数字化笔记记录工具。支持无缝多端同步，快速保存微信、微博、网页等内容，一站式完成信息的收集备份、高效记录、分享和永久保存。

(2)获取方法：打开手机自带的应用商店，搜索"印象笔记"，出现相应内容后，下载安装。

(3)操作方法：打开"印象笔记"App，单击底部的加号按钮创建文字、手写、录音、思维导图等类型的笔记，输入笔记标题和内容后单击左上角的对号按钮保存，保存成功后可以单击右上角的分享按钮将笔记分享到微信或微博、QQ中。

模块六

以赛促学，开拓思维

本模块体现了教师培训模式的创新，为学习者构建了智力的挑战和创新性的学习体验。以赛促学培训活动对学习者的学习能力与学习积极性起到了推进作用，各项活动在设计的过程中注重实用性与前沿性，以培养学习者知识与技能、创新能力、团队合作能力以及表达能力为主要目标，并且在活动内容方面设计了含有积极思维的主题，促进学习者态度、思维以及价值观的转变。本模块还设计了与教师基本技能、学科教学相关的竞赛活动，以期为教师专业发展提供支持。

一、平平仄仄

【活动目标】
(1)学习者认识普通话在教学中的重要性。
(2)学习者了解自己的普通话水平。
(3)学习者知道利用极简教育技术提高普通话水平的方法。

【活动时间】
30分钟。

【活动简介】
普通话是国家通用语言，是教师的职业语言。学习者利用"鹦哥普通话"小程序进行小组内和小组间的普通话竞赛，最终评选出水平最高的学习者。通过本活动，学习者能客观地认识自己的普通话水平，同时组织者可以向学习者介绍"普通话学习"App，让学习者利用极简教育技术开展个性化的学习，提升自己的普通话水平。

【活动步骤】
(1)组织者展示利用方言教学和利用普通话教学的视频片段，形成鲜明对比。
(2)学习者针对运用普通话教学的重要性进行简单讨论。
(3)组织者介绍"鹦哥普通话"小程序的操作方法，对学习者进行分组，每个小组推荐产生一名组长。

（4）小组组长利用"鹦哥普通话"小程序向全体组员发起挑战，挑战完成后查看排行榜并播放其他学习者的录音作品。小组内挑战分数最高的为小组冠军。

（5）各小组冠军利用"鹦哥普通话"小程序中的"模拟测评"活动进行比赛，得分最高者为本次活动的总冠军。

（6）总冠军分享普通话学习经验。

（7）组织者进行活动总结，介绍利用"普通话学习"App提高普通话水平的方法。

【活动资源】

运用方言教学和运用普通话教学的视频片段。

【活动提示】

全国普通话水平测试改成利用计算机测试后，采用的是科大讯飞公司开发的语音标准程度辨识软件。采用带有AI语音识别技术的小程序对教师进行普通话培训，不仅能促进教师普通话能力提升，更有利于教师参加普通话水平测试取得更高的成绩。"鹦哥普通话"小程序和"普通话学习"App都可以对普通话测评中的知识点进行学习，"普通话学习"App中的课程更加全面和具体。

【极简教育技术】

一是"鹦哥普通话"小程序。

（1）简介："鹦哥普通话"小程序是一款提供普通话评测和学习的工具，支持开展单字练习、词语练习、短文练习、命题说话、易错字练习、绕口令练习、古诗词练习等评测活动。其"普通话模拟测试"模块是根据《普通话水平测试大纲》设计，采用了官方权威测评技术，学习者通过模拟测试可以对自己的普通话水平有清晰的认识，从而有针对性地开展训练。此外，小程序还附有普通话报名指导、测试站查询、报名通知、成绩查询、证书查询等网页链接，方便学习者参加正式测试。

（2）获取方法：打开手机微信，单击微信主页右上方的搜索标志，搜索"鹦哥普通话"，出现相应内容后，单击进入小程序。

（3）操作方法：打开"鹦哥普通话"小程序，在首页中选择热门活动中的"挑战最美声音"，单击"发起挑战"按钮，选择相应挑战类型后开始挑战。在首页中选择发音训练中的"模拟测评"，单击"开始测评"按钮开始测评。

二是"普通话学习"App。

（1）简介："普通话学习"App是一款普通话考试测试软件，汇集普通话水平测试所有考点，利用AI语音识别技术支持听说练习。其提供的动画课程，可以让学习者直观感受每个音素发音时口腔内部发音部位的状态以及气流运动变化过程等细节，解决了学习者练习口语发音时需要范读、正音、指导纠错的难题。

(2)获取方法：打开手机自带的应用商店，搜索"普通话学习"，出现相应内容后，下载安装。

(3)操作方法：打开"普通话学习"App，使用手机号码注册账号并登录，单击"学习"模块的"免费测试"可以测试普通话水平，单击"课程"可以学习普通话课程。

二、一笔一画

【活动目标】
(1)提高学习者的汉字规范书写水平。
(2)加深学习者对汉字意义的理解。

【活动时间】
20分钟。

【活动简介】
"三笔一话"是每一位教师的基本技能，汉字的规范书写是每一位教师的基本功。本活动引导学习者在接龙书写汉字的过程中，牢记汉字笔画，体会文字内涵。

【活动步骤】
(1)组织者将学习者按照8~10人一组分成若干小组，每个小组推选一位组长。
(2)比赛开始后，组长在课件中抽选一个汉字，所有小组成员依次在白板中书写抽选出汉字的一画，并说出一句含有该汉字的诗句。若笔顺书写错误或没有说出诗句，则需要重新开始。
(3)各小组依次参赛，用时最少、书写最工整的小组获胜。
(4)组织者进行活动总结，并引导学习者针对容易写错笔顺的汉字进行讨论，促进学习者了解汉字所蕴含的丰富意义，介绍"新华字典"App，提高学习者的汉字规范书写水平。

【活动资源】
运用擦除功能抽选汉字的希沃课件。

【活动提示】
(1)活动中，抽选出的汉字笔画数与小组人数可能不相等，需要小组讨论决定二次参与的成员。
(2)组织者要把控好活动节奏，确保活动开展井然有序。

【极简教育技术】
一是"希沃白板"软件。
"希沃白板"软件的简介、获取方法和操作方法详见本部分的模块三活动一。

二是"新华字典"App。

(1)简介:"新华字典"App 是商务印书馆出品的在线汉字字典工具,与《新华字典》工具书匹配,内容全面、信息权威。既包含纸质《新华字典》的字头、词目、拼音、部首、释义、例句等全部内容,更利用技术的优势提供央视原著名主播李瑞英的汉字播读,汉字规范笔顺动画,易读错字词,多音字闯关游戏等内容。此外,其特有的"扫码查字"功能,配合纸书正文二维码,使用更为便捷。

(2)获取方法:打开手机自带的应用商店,搜索"新华字典",出现相应内容后,下载安装。

(3)操作方法:打开"新华字典"App,搜索需要查询的汉字,在汉字详细信息页面,单击"听说"按钮播放读音,单击"书写"按钮查看笔顺。

三、诗词大会

【活动目标】
(1)拓展学习者诗词储备,提高学习者诗词鉴赏能力。
(2)学习者感受中国诗词的魅力。
(3)活跃现场氛围,激发学习者学习诗词的热情。

【活动时间】
30 分钟。

【活动简介】
本活动主要围绕霜降、惊蛰等节气或中秋、元宵节等中华民族传统节日开展诗词答题活动,弘扬中华民族传统文化,让学习者在感受中国诗词魅力的同时,拓展学习者诗词储备,提高学习者的诗词鉴赏能力,倡导学习者学习中国传统文化。

【活动步骤】
(1)活动前,组织者结合活动开展的时间,确定活动主题,如:惊蛰·诗词大会。

(2)组织者介绍该节气的传统习俗,激发学习者的参与兴趣,介绍"西窗烛"App 的操作方法。

(3)学习者在"西窗烛"App 中选择与主题相关的节气题目进行作答。

(4)组织者根据学习者的答题成绩进行排名,第一名为状元,第二名为榜眼,第三名为探花,其他学习者为进士。

(5)"状元""榜眼""探花"依次分享经验,并分享自己最喜欢的一首诗词,组织者引导学习者感受中国诗词的魅力。

(6)组织者进行活动总结。

【活动资源】

与节气介绍相关的素材。

【活动提示】

本活动通过答题比赛使学习者在诗词中感受传统文化，拓展学习者对诗词的了解与积累，通过本次活动学习者对诗词学习有了更加浓厚的兴趣，在答题活动结束后，组织者还可以开展与本次主题相关的诗词飞花令，使活动内容更加丰富。本活动中提到的"西窗烛"小程序不仅能为组织者选题、备题提供参考，还能为学习者学习诗词提供良好的平台。

【极简教育技术】

"西窗烛"App。

(1)简介："西窗烛"是一款中国传统文化学习、交流平台，提供100余万篇诗词、古文、书画的文库，可以按朝代、作者、作品分类搜索，涵盖注释、译文和赏析。可以参与接龙、飞花令、答题等活动，以及分享作品和学习心得。

(2)获取方法：打开手机自带的应用商店，搜索"西窗烛"，出现相应内容后，下载安装。

(3)操作方法：打开"西窗烛"小程序，在"发现"页面进入"答题"板块，选择与活动相关的主题，单击进入答题页面开始答题。系统随机出15道题，包括5道选择题、5道填空题、5道点字成诗题(九宫格或十二宫格)，每道题答题时间为15秒。

四、英语趣配音

【活动目标】

(1)提高学习者的英语表达能力。

(2)学习者活跃起来。

【活动时间】

40分钟。

【活动简介】

本活动旨在提高学习者的英语表达能力，学习者以小组的形式在"英语趣配音"中找到海量的英语配音视频，学习并模仿，最后各小组通过现场配音的形式进行汇报，其他学习者进行投票，选出表演和英语表达最好的小组。

【活动步骤】

(1)组织者将学习者按照3～5人一组分成若干小组，介绍"英语趣配音"App的操作方法。

(2)学习者利用"英语趣配音"App进行10分钟的配音练习。

(3)组织者将手机屏幕投屏到大屏幕上,播放需要完成的配音任务。

(4)各小组确定表演顺序,依次进行配音表演。

(5)全体学习者为各小组投票,票数最高的为最佳配音组合。

(6)最佳配音组合分享配音经验。

(7)组织者进行活动总结。

【活动资源】

无。

【活动提示】

(1)如果有学习者没有学过英语,不适合开展本活动。

(2)活动中需要学习者展示自己的英语口语,有些学习者可能会感到紧张与害羞,需要在学习者相互熟悉的前提下开展本活动。

(3)分组时,组织者应引导学习者根据自己的兴趣爱好与实力自主选择合作伙伴,这样更有利于小组合作以及配音表演的完美呈现。

(4)学习者进行表演时,组织者应及时录像,一方面这将是非常珍贵有趣的画面,另一方面可以通过每一次的活动练习,观察学习者英语表达能力与表演能力是否提高。

【极简教育技术】

一是"英语趣配音"App。

(1)简介:"英语趣配音"是一款通过视频配音练习英语口语的工具,提供数百种配音视频素材,包括电影、歌曲、动漫、电视剧等,支持基于AI的实时纠音。

(2)获取方法:打开手机自带的应用商店,搜索"英语趣配音",出现相应内容后,下载安装。

(3)操作方法:打开"英语趣配音"App,注册并登录,在"首页"中选择配音视频,在视频详情页面单击底部的"开启配音"按钮,选择相应角色后进入配音界面,在需要配音的句子模块中单击"麦克风"按钮进行配音,完成配音后单击"预览配音"按钮合成配音,设置分享范围后单击"发布并邀请搭档"按钮发布并分享配音作品。

二是"问卷星"小程序。

"问卷星"小程序的简介、获取方法和操作方法详见本部分的模块二活动四。

五、一战到底

【活动目标】

(1)拓宽学习者知识面。

(2)让学习者活跃起来。

【活动时间】

20分钟。

【活动简介】

多学科知识有助于教师开展跨学科融合教学，本活动以擂台赛的形式展开，随机抽选出守擂者与挑战者，最终产生擂主。活动内容丰富、节奏紧凑、形式有趣，能够积极调动学习者的兴趣，拓宽学习者的知识面，形成学习者敢于竞争、乐于竞争的良好氛围。

【活动步骤】

(1)组织者将学习者按照4~6人一组分成若干小组，讲解跨学科融合教学理念，介绍活动规则、"随机抽"小程序和"头脑王者"小程序的操作方法。

(2)各小组利用"随机抽"小程序选出一名守擂者，守擂者利用"头脑王者"小程序与一名组员进行比赛，获胜者作为新的守擂者，与未比赛的组员进行比赛，最终选出小组冠军。当守擂者与挑战者分数相同时，守擂者获胜。

(3)各小组冠军与荣誉选手(未最终获胜但守擂次数最多的选手)获得决赛参与资格，决赛中获胜者为本次活动擂主。

(4)擂主分享获胜经验。

(5)组织者进行活动总结，鼓励学习者开展跨学科融合教学实践。

【活动资源】

无。

【活动提示】

跨学科融合教学倡导打破学科知识之间的壁垒，还原知识之间原本就具备的联系。知识只有在联系中才能生长，才会产生新的知识，学生的学习才更有意义。跨学科融合教学要实现以核心素养为纲的课程统整，这就意味着学科教学首先考虑的不再是学科知识本身，而是学生作为人的发展的核心素养。以核心素养为纲的课程统整，是让课程真正回归学生本位，回归发展本位。

具体到一门学科而言，教师开展跨学科融合教学的过程中，应努力实现以下四点：一是学科内知识间的融会贯通；二是学科间知识的相互渗透与支撑；三是学科知识与学生生活经验的和谐结合；四是学科知识学习与学科核心素养形成的有机统一。[①]

【极简教育技术】

一是"头脑王者"小程序。

(1)简介："头脑王者"是一款知识竞赛的工具，通过"好友对战""每日挑战"

---

① 余文森. 核心素养导向的课堂教学[M]. 上海：上海教育出版社，2017.

等活动，让学习者在活动中掌握更多的知识。

(2)获取方法：打开手机微信，单击微信主页右上方的搜索标志，搜索"头脑王者"，出现相应内容后，单击进入小程序。

(3)操作方法：打开"头脑王者"小程序，在首页中单击"好友对战"按钮，邀请好友进入小程序后开始比赛。

二是"随机抽"小程序。

"随机抽"小程序的简介、获取方法和操作方法详见本部分的模块三活动七。

六、流量教师

【活动目标】
(1)学习者体验线上教学过程。
(2)提高学习者线上教学设计水平。

【活动时间】
60分钟。

【活动简介】
很多教师面临在线教学挑战时显得手足无措、十分焦虑，教师在边学习、边实践、边提升中逐步适应线上教学这一新的常用的教学方式。如今，很多教师的教学由线下转变为线上线下融合教学，良好的线上教学设计能力成为每一位教师必备的素养。本活动旨在通过自身体验与小组讨论，帮助教师提升线上教学设计水平。

【活动步骤】
(1)组织者将学习者按照3~4人一组分成若干小组，介绍利用"腾讯会议"客户端和"钉钉"客户端进行线上教学的方法。

(2)小组自主设计一个教学主题，利用10分钟时间进行集体备课，选择一名主讲教师，其余学习者提供教学支持。

(3)各小组轮流建立直播，开展5分钟的线上教学，全体学习者观看直播并参与互动。

(4)学习者针对线上教学效果对各小组投票，票数最高的小组获得冠军。

(5)冠军小组分享分工策略、教学设计方法等经验。

(6)各小组针对"线上教学设计与线下教学设计的相同点和不同点""线上教学设计方法""线上教学与线下教学融合方法"三个问题进行讨论。

(7)各小组分享讨论结果，相互点评。

(8)组织者进行活动总结，倡导学习者开展线上线下融合教学实践。

【活动资源】

不同效果的线上教学视频片段。

【活动提示】

(1)线上教学已成为每一位教师的必备素养。线上教学不是将线下教学简单地搬到线上，应结合教与学环境的特点有针对性地设计教学。可以基于线上教学开展低阶思维的教学，基于线下教学开展高阶思维的教学，促进二者融合。

(2)各类线上教学工具都具备录制功能，学习者可以将自己的直播教学过程录制下来，便于回看分析，提升自己。

【极简教育技术】

一是"腾讯会议"。

"腾讯会议"客户端的简介、获取方法和操作方法详见本部分的模块三活动六。

二是"钉钉"。

"钉钉"客户端的简介、获取方法和操作方法详见本部分的模块四活动三。

三是"问卷星"小程序。

"问卷星"小程序的简介、获取方法和操作方法详见本部分的模块二活动四。

七、坐火车去旅游

【活动目标】

(1)学习者彼此更加熟悉。

(2)学习者活跃起来。

【活动时间】

15分钟。

【活动简介】

本活动来源于经典游戏"开火车"，是一个非常有趣的破冰活动，让学习者彼此更加熟悉的同时，营造轻松活跃的氛围。

【活动步骤】

(1)组织者将学习者按照5~10人一组分成若干组，引导每组学习者围成一个圈。

(2)每位学习者选择一个组内其他学习者所在的城市，所有学习者选择的城市不能重复，如果重复则请学习者自由选择一个城市。

(3)学习者利用"搜狗百科"小程序搜索其他学习者所选城市的著名旅游景点。

(4)各小组按照如下规则进行游戏：

①一名学习者说：A地(自己所选的城市)的火车就要开了。

②所有组员一起问：往哪儿开？

③学习者说：往 B 地(任一其他学习者所选城市)开。

④所有组员一起问：看什么？

⑤学习者说：看某某景点(B 地的一处景点)。

⑥所选 B 地的学习者开始说：B 地的火车就要开了。重复步骤 2~5。如果学习者所说景点与城市不符，或者反应过慢，则需要接受简单的惩罚。

(5)学习者组内讲述所在城市的历史，介绍著名景点。

(6)组织者进行活动总结，倡导学习者彼此学习，行万里路，感受每一座城市厚重的文化。

【活动资源】

无。

【活动提示】

本活动在室外开展效果更佳，空旷的环境、清新的空气更容易使人们放松心情，打开心扉，活跃气氛。

【极简教育技术】

"搜狗百科"小程序。

(1)简介："搜狗百科"是一个百科知识在线查询工具，界面简洁，操作简单。

(2)获取方法：打开手机微信，单击微信主页右上方的搜索标志，搜索"搜狗百科"，出现相应内容后，单击进入小程序。

(3)操作方法：打开"搜狗百科"小程序，单击右上角的放大镜图标，输入关键词进行搜索。

八、历史达人 >>>>>>>

【活动目标】

(1)激发学习者学习历史的热情。

(2)提高学习者对本地历史的了解程度。

【活动时间】

15 分钟。

【活动简介】

历史是厚重的，历史知识贯穿于每个人的学习与生活。历史人物的逸闻趣事往往是引人入胜的，历史人物的优秀品质也使人深有感触，通过本活动探究历史人物，学习者可以在这一过程中将历史人物的生活、成就、影响力等方面串联起来，将浮于书本的历史知识串联起来，使历史人物变得更加地立体。

【活动步骤】

(1)组织者介绍一位本地历史上的著名人物，并将他(她)的名字写在黑板上。

(2)学习者以抢答的形式补充这名历史人物的相关情况(人物关系、亲历事件、所达成就、历史影响等),在黑板上形成关系图。

(3)组织者统计学习者的抢答次数,补充次数最多且回答正确的学习者为本次活动的"历史达人"。

(4)组织者利用"全世界"App对这名历史人物的生平进行复盘,将这名历史人物的关系图谱投屏到大屏幕上,引导学习者与在黑板上绘制的关系图谱对比,进行查漏补缺。

(5)组织者介绍"全世界"App,进行活动总结。

【活动资源】

无。

【活动提示】

(1)本活动简单有趣,在短时间内引导学习者探寻历史人物的生平故事,串联同一时期的历史事件,使学习者对该历史人物与事件的印象更加丰满和深刻。

(2)本活动后期可以收集学习者的意见,看大家对哪些历史人物更感兴趣,并开展专题活动进行探究。

(3)学习者也可将该活动引入历史课堂中,帮助学生学会从整体的角度学习历史,提高学生的学习兴趣。

【极简教育技术】

"全世界"App。

(1)简介:"全世界"一款历史知识百科工具,可以查看历史时间轴、时间地图、关系图谱、人物或事件之间路径关系等,以及历史人物、著作、作品、战争等相关历史知识。

(2)获取方法:打开手机自带的应用商店,搜索"全世界",出现相应内容后,下载安装。

(3)操作方法:打开"全世界"App,选择页面中部的"关系图谱"按钮,输入历史人物或历史事件进行查询;如果查询两位历史人物、两个历史事件之间的关系,可以单击"AB路径",输入关键词查询。

九、学习达人

【活动目标】

(1)检验学习者所学知识。

(2)让学习者活跃起来。

【活动时间】

30分钟。

【活动简介】

本活动将棋盘游戏与"学习强国"学习平台的挑战答题相结合,通过游戏化竞赛夯实、检测学习成果。

【活动步骤】

(1)组织者将学习者分成若干小组,每组推选一名组长掷骰子,选派一名代表参加竞赛。

(2)组织者将棋盘课件播放在大屏幕上,并将手机投屏至交互式智能平板(触控一体机)上。

(3)各小组组长依次在交互式智能平板(触控一体机)上投数字骰子,小组代表利用组织者指定的手机完成前进中的任务,组织者根据各组进度在大屏幕上移动代表各组的标志。最先到达终点的小组获胜。

(4)组织者进行活动总结,倡导学习者坚持利用"学习强国"学习平台提升自己。

【活动资源】

(1)一台交互式智能平板(触控一体机),用于投数字骰子和展示参赛选手的答题情况。

(2)棋盘游戏课件,如图2-6所示,组织者可根据学习者人数适当增加活动方格的数量。

图2-6 棋盘游戏示例

【活动提示】

(1)本活动可应用于主题党日活动中。

(2)组织者可根据培训内容,自行制作题目。

【极简教育技术】

"学习强国"学习平台。

(1)简介:"学习强国"学习平台是由中共中央宣传部主管,以习近平新时代中国特色社会主义思想和党的十九大精神为主要内容,立足全体党员、面向全社会的优质平台。平台网站有"学习新思想""学习文化""环球视野"等十余个版块百余个一级栏目，手机客户端有"学习""电视台""百灵""电台""强国通"五大板块，聚合了大量期刊、古籍、公开课、歌曲、戏曲、电影、图书等学习资源。

(2)获取方法：在计算机中，百度搜索"学习强国"，打开官方网站。在手机中，打开自带的应用商店，搜索"学习强国"，出现相应内容后，下载安装。

(3)操作方法：打开"学习强国"App，在搜索框中输入关键词，查询视频与文章。单击首页顶部的"推荐""要闻""新思想"等栏目，可以阅读最新的观点和文章。单击下方的"电视台"可以学习党史、理论、慕课等视频。单击右上角"我的"按钮，进入"我要答题"模块，选择"挑战答题"进行答题，每道题目的答题时间最多为45秒。

模块七

未来已来，体验 AI

随着信息技术的快速发展，人工智能（Artificial Intelligence，AI）已经融入各个领域，正在悄然给我们的生活、工作、学习带来深刻改变。教育，也将迎来机遇与挑战。一场面向未来的学习革命已经迎面而来，一个全新的教育时代正在开启。什么是人工智能？我们身边有哪些常用的人工智能产品？人工智能会给教与学带来哪些改变？本模块的培训旨在回答以上三个问题的同时，让学习者体验人工智能，感受人工智能给我们生活、工作和学习带来的变化。

一、体验 AI

【活动目标】
(1)学习者了解 AI 技术。
(2)学习者体验常见的 AI 技术。

【活动时间】
30 分钟。

【活动简介】
人工智能已经融入了各个领域，正在深刻改变我们的生活方式、工作方式、学习方式。本活动旨在让学习者体验生活中常见的 AI 技术，讨论这些技术将给教师专业发展、学生学习带来哪些改变？

【活动步骤】
(1)组织者将学习者分成若干组，播放央视纪录片《窥见未来》片段，讲解 AI 的概念和常见的 AI 技术，介绍"腾讯 AI 体验中心"小程序、"百度 AI 体验中心"小程序的操作方法。
(2)学习者体验"腾讯 AI 体验中心"小程序、"百度 AI 体验中心"小程序中的各种 AI 技术。
(3)小组讨论每一种 AI 技术会给自身专业发展、学生学习带来哪些改变，并用"幕布"微信公众号进行记录。

（4）每组分享讨论结果，相互点评。

（5）组织者进行活动总结，提醒学习者自行观看完整版的《育见未来》纪录片，倡导学习者探索基于 AI 技术的教学。

【活动资源】

央视纪录片《育见未来》片段，搜索方法：在计算机中，百度搜索"央视网"，打开官方网站(网址为 www.cctv.com)后，搜索"育见未来"即可。

【活动提示】

(1)人工智能的定义：人工智能(Artificial Intelligence)，英文缩写为 AI。它是研究、开发用于模拟、延伸和扩展人的智能的理论、方法、技术及应用系统的一门新的技术科学。人工智能是计算机科学的一个分支，它企图了解智能的实质，并生产出一种新的能以人类智能相似的方式做出反应的智能机器，该领域的研究包括机器人、语言识别、图像识别、自然语言处理和专家系统等。

(2)常见的 AI 技术包括语音识别、图像识别、文字识别等。

【极简教育技术】

一是"腾讯 AI 体验中心"小程序。

(1)简介："腾讯 AI 体验中心"小程序是一款体验基本 AI 技术的工具，提供文字识别、人脸识别、人脸特效、图像识别、智能语音等近百种应用场景的典型功能。

(2)获取方法：打开手机微信，单击微信主页右上方的搜索标志，搜索"腾讯 AI 体验中心"，出现相应内容后，单击进入小程序。

(3)操作方法：打开"腾讯 AI 体验中心"小程序，选择一种功能，单击即可体验。

二是"百度 AI 体验中心"小程序。

(1)简介："百度 AI 体验中心"小程序是一款体验基本 AI 技术的工具，提供图像技术、人脸与人体识别技术、语音技术、知识与语义技术等四种技术的近百种应用场景的典型功能。

(2)获取方法：打开手机微信，单击微信主页右上方的搜索标志，搜索"百度 AI 体验中心"，出现相应内容后，单击进入小程序。

(3)操作方法：打开"百度 AI 体验中心"小程序，选择一种功能，单击即可体验。

三是"幕布"微信公众号。

"幕布"微信公众号的简介、获取方法和操作方法详见本部分的模块四活动一。

二、身边的 AI

【活动目标】

(1)学习者了解身边的 AI 产品。

(2)学习者感受 AI 给生活、工作、学习带来的变化。

【活动时间】

30 分钟。

【活动简介】

智能手机、智能电视、智能音箱、智能开关、智能灯具、智能门铃、智能门锁等硬件，具备语音输入、美颜、视频特效等功能的软件，融合人工智能技术的这些产品早已融入我们的生活中。本活动通过"滚雪球讨论法"，找出身边的 AI 产品，感受 AI 给生活、工作、学习带来的变化。

【活动步骤】

(1)组织者提出问题：我们身边的 AI 硬件与软件有哪些？介绍"美篇"App 的操作方法。

(2)学习者利用 3 分钟的时间安静地思考这个问题，形成最初的想法。

(3)学习者与另外一名学习者组成一个小组，利用几分钟时间相互分享自己的想法。

(4)每组组员寻找另一组组员，组合成新的小组，利用几分钟时间相互分享自己对问题产生的新想法。同时强调，大家要找出不同的观点、提出的新问题，并发现逐渐显现出来的新想法。

(5)重复第 3 步，直到所有人都参与到一个共同的讨论小组分享彼此的观点时，讨论结束。

(6)学习者利用"美篇"App 制作一篇数字故事，介绍自己了解到的身边的 AI 产品，并分享到微信群。

(7)组织者进行活动总结，倡导学习者关注身边的 AI 产品。

【活动资源】

无。

【活动提示】

(1)培训前，组织者建立好培训微信群。

(2)在滚雪球式讨论的过程中，每个人都对讨论的进行有推动作用，组织者要确保讨论过程的民主化。

(3)每次两两结合的新组，要以之前两个小组的观点为基础进行新的讨论，逐步建构新的观点。

(4)本活动适合在 60 人以下开展，人数较多可以分组进行。

【极简教育技术】

"美篇"App 的简介、获取方法和操作方法详见本部分的模块四活动八。

三、手机中的 AI

【活动目标】

(1)学习者了解手机中的 AI 功能。

(2)学习者感受 AI 给生活、教学带来的变化。

【活动时间】

30 分钟。

【活动简介】

截至 2021 年 2 月，我国手机网民规模达 9.86 亿，智能手机早已普及。随着芯片等各种技术的快速迭代，以及 AI 技术的飞速发展，每个智能手机中都集成了大量的 AI 功能，如语音控制、语音输入、文字识别、AI 助手等，很多功能也可以迁移到教学中。通过本活动，让学习者感受到 AI 早就在我们的身边，只是我们了解得很少、使用的很少。通过主题讨论、相互分享的形式，学习者可以了解 AI 的常见类型及在教学中应用的场景，促进学习者对未来教学的畅想。

【活动步骤】

(1)组织者将学习者分成若干组，讲解今天的活动背景、主题以及极简搜索法，介绍"石墨文档"App 的使用方法。

(2)小组合作寻找手机中自带的 AI 功能，并解决以下问题：

①利用哪些方法进行了寻找？

②不同品牌手机的特色 AI 功能是什么？

③每一种功能在生活和教学中的应用场景有哪些？这种功能使用了哪些 AI 技术？

(3)每组分享寻找的结果及经验，相互点评。

(4)组织者进行活动总结，介绍常见的 AI 技术及"图灵测试"的故事。

【活动资源】

无。

【活动提示】

(1)常见的 AI 技术包括语音识别、图像识别、文字识别等。

(2)图灵测试

图灵测试一词来源于英国计算机科学和密码学的先驱阿兰·麦席森·图灵写于 1950 年的一篇论文《计算机器与智能》。图灵测试是测试人在与被测试者(一个人和一台机器)隔开的情况下,通过一些装置(如键盘)向被测试者随意提问。问过一些问题后,如果被测试者超过30%的答复不能使测试人确认出哪个是人、哪个是机器的回答,那么这台机器就通过了测试,并被认为具有人类智能。

【极简教育技术】

一是"石墨文档"App。

"石墨文档"App的简介、获取方法和操作方法详见本部分的模块四活动二。

二是极简搜索法。

"极简搜索法"的简介、获取方法和操作方法详见本部分的模块五活动九。

四、智能垃圾分类

【活动目标】

(1)学习者了解垃圾分类的具体要求,认识垃圾分类的重要性。

(2)学习者了解智能垃圾分类系统的基本原理。

(3)学习者感受到AI技术对于日常生活的积极影响。

【活动时间】

30分钟。

【活动简介】

"绿水青山就是金山银山"。随着社会的发展,人们对环境保护的意识越来越高,环境保护已经走入家家户户的日常生活中,对于普通家庭来说,最为快速有效保护环境的措施非垃圾分类莫属。但由于现行的垃圾分类标准可能与人们已经建立起来的分类意识存在些许出入,很多人还未对垃圾分类的标准和重要性建立起一个较为全面、具体的理解。通过本次活动,学习者不仅更为全面、深入地了解垃圾分类,还能深刻地认识到AI技术对于垃圾分类的促进作用,体验AI技术对于我们日常生活的积极影响。

【活动步骤】

(1)组织者将学习者按照4~6人一组分成若干小组,在大屏幕中播放垃圾分类的科普视频,介绍垃圾分类的理念和推广情况。

(2)各组选派代表进行"垃圾分类测试"。组织者请各组讨论难以辨别种类的生活垃圾,汇总展示在大屏幕中。

(3)组织者介绍"辨别分类"小程序的操作方法,各组利用小程序将大屏幕中的各种垃圾进行分类。

(4)组织者介绍活动中出现的AI智能技术,如图像识别技术以及人工智能在识别过程中用到的深度学习算法等。

(5)请各组设计一款智能分类垃圾桶,描述其主要功能,利用"幕布"微信公众号记录讨论过程与结果。

(6)各组分享设计结果，相互点评。

(7)组织者进行活动总结，介绍目前已上市的智能分类垃圾桶的主要功能。

【活动资源】

垃圾分类的科普视频，"垃圾分类测试"课件。

【活动提示】

(1)活动开始前，组织者需要对学习者的整体情况进行了解，选取符合学习者认知规律的科普视频，利用"希沃白板"软件制作"垃圾分类测试"课件(可以借助"希沃白板"软件"课堂互动"中的趣味分类、超级分类、知识配对、判断对错、趣味选择等功能设计完成)。

(2)图像识别技术是信息时代的一门重要技术，其产生目的是让计算机代替人类去处理大量的信息。随着计算机技术的发展，人类对图像识别技术的认识越来越深刻。图像识别技术的过程分为信息的获取、预处理、特征抽取和选择、分类器设计和分类决策。图像处理技术已成为AI的重要组成部分，应用十分广泛，如人脸识别解锁手机、人脸识别签到、人脸识别门禁、交通违法拍照记录等。

【极简教育技术】

一是"希沃白板"软件。

"希沃白板"软件的简介、获取方法和操作方法详见本部分的模块三活动一。

二是"幕布"微信公众号。

"幕布"微信公众号的简介、获取方法和操作方法详见本部分的模块四活动一。

三是"辨别分类"小程序。

(1)简介："辨别分类"小程序是一款垃圾分类工具，简单实用。支持利用AI图像识别技术识别不同种类的垃圾，准确完成生活中常见垃圾的分类；可以查询不同类别垃圾(可回收垃圾、有害垃圾、湿垃圾、干垃圾)的具体内容；还可以进行智能问答，快速找到垃圾类别。

(2)获取方法：打开手机微信，单击微信主页右上方的搜索标志，在搜索框中输入"辨别分类"，出现相应内容后，单击进入小程序。

(3)操作方法：打开"辨别分类"小程序，单击底部的"识别"按钮，单击屏幕中的拍照按钮对垃圾进行拍照，待识别完成后选择正确的垃圾信息即可获取该垃圾的分类。单击底部的"分类"按钮，可以查询可回收垃圾、有害垃圾、湿垃圾、干垃圾四种分类的具体内容。单击底部的"问答"按钮，输入垃圾信息可以与智能机器人进行对话。

五、共创诗词

【活动目标】

(1)学习者体验 AI 创作诗词的过程。

(2)学习者掌握借助 AI 技术创作诗词初稿的方法。

【活动时间】

30 分钟。

【活动简介】

随着 AI 技术的发展，它不仅可以进行图像识别、语音识别，还可以在深度学习的基础上进行诗歌、歌曲的创作。本活动中，学习者借助 AI 创作诗歌初稿，在体验 AI 创作诗词过程的同时，掌握借助 AI 技术创作诗词初稿的方法，感受 AI 技术发展的迅猛程度。

【活动步骤】

(1)组织者将学习者分成若干组，给出诗词创作的主题(如教师)，介绍"诗词生成器"公众号的操作方法。

(2)学习者利用"诗词生成器"公众号创作诗词初稿，自行润色后形成终稿，小组内讨论评选出一篇优秀诗词。

(3)各组分享优秀诗词，相互点评。

(4)组织者介绍"少女诗人小冰"网站的操作方法。

(5)学习者利用"少女诗人小冰"网站创作诗词初稿，自行润色后形成终稿，与刚才创作的诗词进行对比，小组内讨论评选出一篇优秀诗词。

(6)各组分享优秀诗词，相互点评。

(7)每位学习者将自己创作的诗词分享到微信群或朋友圈中，并发表与 AI 共创诗词的体会。

(8)组织者进行活动总结，鼓励学习者借助技术表达自己的想法，创作更多优秀作品。

【活动资源】

无。

【活动提示】

诗歌是一种意境优美，思想内容深刻，语句高度凝练，韵律节奏鲜明的文学体裁。由于诗歌的质量由学习者的功力以及选材决定，所以诗歌的评价不建议量化，而应通过讨论的形式进行主观点评。

【极简教育技术】

一是"诗词生成器"公众号。

(1)简介："诗词生成器"是一个基于人工智能通过自我学习和训练，习得诗词的用词和格律，智能创作唐诗或宋词的公众号。支持给定题目创作诗，还可以根据宋词词牌名自动填词创作宋词。

(2)获取方法：打开手机微信，单击微信主页右上方的搜索标志，搜索"诗词生成器"，出现相应内容后，单击进入公众号并关注。

(3)操作方法：打开"诗词生成器"公众号，在文本框中输入诗题目或者宋词词牌名，公众号就会回复创作好的词。如果在诗题目前加上"藏头："或"藏："，就可以创作藏头诗。

二是"少女诗人小冰"网站。

(1)简介："小冰"是一款智能机器人，支持智能聊天、诗词创作等功能。小冰还是一款智能机器人框架，基于该框架可以开发虚拟亲友、AI托管小编、虚拟歌手、AI主播、测颜值替身等应用产品。"小冰"宣布放弃其创作的诗歌版权，使用者可以任意发表最终作品，甚至不必提及"小冰"参与了创作。

(2)获取方法：在计算机中，打开浏览器，在地址栏输入网址 https：//poem.xiaoice.com，打开网站。在手机中，可以在浏览器中输入网址打开网站，也可以将网址发送到微信聊天窗口中，单击网址打开网站。

(3)操作方法：打开"少女诗人小冰"网站，单击"马上开始"，上传图片激发小冰的灵感，补充文字描述，给小冰更多的创作参考。完成图片与文字的上传后单击开始创作，网站经过意象抽取、灵感激发、文学风格模型构思等操作后会创作出诗歌初稿。

六、AI帮你画

【活动目标】

(1)学习者了解AI绘画在教育教学中的应用。

(2)学习者体验AI绘画。

【活动时间】

20分钟。

【活动简介】

人学习作画一般得从基本功练起，要想画得出众，除了日积月累勤奋练习，还需要一些天赋，以及对世界的精细观察和创作者独特的创想。这让大部分人只能当画作的观赏者而非创作者。但是，随着深度学习、大模型等技术的发展，AI能够在极短的时间内"创造"出不同风格的画作，大幅降低了作画的门槛，让人人都能成为"艺术家"。

本活动中，学习者体验AI绘画，讨论"AI绘画"在教育教学中的应用场景。

【活动步骤】

(1)组织者将学习者按照2人一组分成若干小组，介绍"文心一格"小程序的操作方法。

(2)组内两人互相观察对方的外貌特点，在"文心一格"小程序中输入对方外貌的简洁描述，创作一幅AI画像。

(3)相互分享画作，并修改描述再次创作一幅AI画像，并相互分享画作。

(4)学习者进行头脑风暴，讨论AI绘画在教育教学中的应用场景。

(5)组织者进行活动总结，鼓励学习者利用"AI绘画"软件支持课堂教学。

【活动资源】

无。

【活动提示】

输入描述生成AI绘画作品，可以帮助学习者提高观察能力，可以设计各类教学所需图片，如PPT演示文稿的封面图片等。

【极简教育技术】

"文心一格"小程序、网站。

(1)简介："文心一格"是百度推出的AI零门槛绘画创作平台，使用者只需输入自己的创想文字，并选择期望的画作风格，即可快速获取由一格生成的相应画作。现已支持国风、油画、水彩、水粉、动漫、写实等十余种不同风格高清画作的生成，还支持不同的画幅选择。

(2)获取方法：在计算机中，百度搜索"文心一格"，打开官方网站。在手机中，打开微信，单击微信主页右上方的搜索标志，在搜索框中输入"文心一格"，出现相应内容后，单击进入小程序。

(3)操作方法：在计算机中，打开"文心一格"网站，注册并登录后，单击"开始创作"按钮进入创作页面，输入描述后单击"立即生成"按钮生成画作。在手机中，单击"AI创作"按钮进入创作页面，输入描述后单击"立即生成"按钮生成画作。

七、AI运动教练

【活动目标】

(1)学习者了解AI在体育锻炼中的应用。

(2)学习者体验AI运动教练。

【活动时间】

30分钟。

【活动简介】

利用 AI 可以精准识别锻炼过程中的动作，帮助学习者矫正动作、科学设置锻炼计划，进行专项训练。本活动中，学习者体验 AI 运动教练，讨论"AI 训练"在体育教学、体育锻炼中的应用场景。

【活动步骤】

(1)组织者将学习者按照 4 人一组分成若干小组，介绍"天天跳绳"App 的操作方法。

(2)学习者选择"AI 训练"中任一项目进行练习。

(3)每组组长在"趣运动"中的"俄罗斯方块"项目中创建活动，小组成员加入活动，小组内进行比拼。

(4)分组比赛，通过"天天跳绳"App 收集个人体育数据，选择优秀的个人或小组进行奖励。

(5)组织者给出讨论主题("AI 训练"能用在体育教学、体育锻炼的哪些方面?)，小组讨论，给出结论。

(6)选择一组展示讨论结论，畅享更多帮助教师专业发展的应用场景，其他组进行补充。

(7)组织者进行活动总结，鼓励学习者利用"AI 训练"软件锻炼身体。

【活动资源】

无。

【活动提示】

AI 动作捕捉是一种对人体或者其他运动物体在真实的三维空间当中的运动轨迹跟踪、测量和记录的一种技术，在影视以及动漫行业当中都有一定的应用。利用 AI 动作捕捉，可以规范体育训练动作，并进行反复练习。

【极简教育技术】

"天天跳绳"App。

(1)简介："天天跳绳"是利用 AI 识别进行跳绳、体能、篮球、健身等项目训练及运动记录的工具，还可以与网友或好友一起进行比赛。

(2)获取方法：打开手机自带的应用商店，搜索"天天跳绳"App，出现相应内容后单击下载安装，注册登录即可使用。

(3)操作方法：打开"天天跳绳"App，使用手机号码注册账号并登录，选择"AI 训练"或"趣运动"中的项目进行练习。在练习时，面向自己放置手机，适当调整手机角度，AI 会识别动作进行计分。使用大屏幕的平板效果会更好。

八、生成式人工智能对教师的影响

【活动目标】

(1)学习者了解生成式人工智能对教师的影响。

(2)学习者体验语言大模型。

【活动时间】

30分钟。

【活动简介】

忽如一夜春风来,千树万树梨花开。以KIMI、文心一言为代表的生成式人工智能犹如惊雷,彻底颠覆了过去人们认为计算机无法涉及人类创造性工作领域的成见,激起了所有人的关注和思考:什么是生成式人工智能?生成式人工智能对人类有哪些影响?如何用好生成式人工智能促进自身发展?教师又将如何使用生成式人工智能,提升教育教学能力?本活动中,学习者将体验语言大模型应用——文心一言,对能理解人类语言的AI产品有初步感性认识,努力令以上问题获得解答。

【活动步骤】

(1)组织者将学习者分成若干组,给出讨论主题(什么是生成式人工智能?生成式人工智能对教师的影响有哪些?如何用好生成式人工智能促进自身专业发展?),学习者进行小组讨论,得出初步结论。

(2)组织者介绍"文心一言"的操作方法。

(3)学习者体验"文心一言",尝试用"文心一言"回答讨论主题,完善结论。

(4)选择一组展示结论,分享能令教师提升专业素养的应用场景。其他组补充。

(5)每位学习者在微信群或朋友圈中,发表对"能理解人类语言的人工智能产品"的使用体验。

(6)组织者进行活动总结,鼓励学习者积极探索更多AI产品,帮助自己进行专业发展。

【活动资源】

无。

【活动提示】

(1)生成式人工智能。

国家互联网信息办公室的《关于＜生成式人工智能服务管理办法(征求意见稿)＞公开征求意见的通知》中指出,生成式人工智能(Artificial Intelligence Generated Content,AIGC),即利用人工智能技术来生成内容,是指基于算法、模型、规则生成文本、图片、声音、视频、代码等内容的技术。这是一种新型的内容创作方式，其中"AI"指的是人工智能，"GC"则代表生成内容。借助这种技术，人们可以利用AI的快速内容创作能力来丰富自身的"社交生活"。生成式人工智能正在逐渐改变我们的社交生活，并为各个领域带来了巨大的创新机会。

具体来说，生成式人工智能技术可以应用于多个领域，如文字、图像、视频、音频、游戏和虚拟人等，被认为是继专业生产内容（Professional Generated Content，PGC）、用户生产内容（User generated Content，UGC）之后的新型内容创作方式。例如，在文字领域，AI可以写作、翻译、语音识别和中文识别等；在图像领域，AI可以用于图像处理、图像分析和图像生成等；在视频领域，AI能够进行视频增强、视频分析和视频生成等；在音频领域，AI可应用于语音识别、中文识别、智能作曲等；在游戏领域，AI可以实现游戏设计、交互和智能非玩家角色等；而在虚拟人领域，AI可用于制作数字人和虚拟助手等。

随着人工智能技术的不断进步，生成式人工智能已经成为一个不可忽视的趋势。它不仅可以提高内容创作的效率，还可以为用户带来更加智能化、个性化的体验。然而，与此同时，生成式人工智能也面临着一些挑战，如如何确保生成内容的真实性和准确性，如何保护知识产权等。

基于大型语言模型、能够处理自然语言交互问题的生成式人工智能近年迅速发展。2023年初，百度公司发布了"文心一言"、阿里巴巴公司发布了"通义千问"，国内面向个人的AI助手开始崭露头角。

（2）生成式人工智能对教师的影响。

人机关系正在从过去单纯的人与工具关系，演变为人机伙伴关系。以"文心一言"为代表的生成式人工智能对教师专业发展赋予了新的含义，教师需要适应人机同伴互教的新型专业发展方式，AI产品就像一个真人一样常伴左右，随时随地可以为教师提供个性化支持，从最简单的查找资料、设计PPT、撰写教案、批改作业、修改论文，到共同进行备课、磨课、主题研讨、改进教学策略、反思教学，甚至可以进行"双师教学"。未来，AI产品将类似教学专家，对新教师、乡村教师专业发展过程中的各类问题进行个性化的指导，帮助每一位教师规划清晰的发展路径，使其在最短的时间内成长为教学专家。

【极简教育技术】

文心一言。

（1）简介：文心一言是百度公司发布的知识增强大语言模型，是文心大模型家族的成员。它能够与人对话互动，回答问题，协助创作，从而高效便捷地帮助人们获取信息、知识和灵感。它由文心大模型驱动，具备理解、生成、逻辑、记忆四大基础能力：理解能力，听得懂潜台词、复杂句式、专业术语；生成能力，可以快速生成文本、代码、图片、图表、视频；逻辑能力，可以解决复杂的逻辑难题、困难的数学计算、重要的职业与生活决策；记忆能力，多轮对话后仍然可以准确分析对话的重点。它融合了数万亿数据和数千亿知识，通过预训练大模型以及有监督精调、人类反馈强化学习等技术，具备了知识增强、检索增强和对话增强的技术优势。到2024年，文心一言的用户数已超过2亿。

(2)获取方法：在计算机中，百度搜索"文心一言"，打开官方网站。在手机中，打开自带的应用商店，搜索"文心一言"，出现相应内容后，下载安装。

(3)操作方法：打开"文心一言"网站或App，注册并登录，在页面底部的对话窗口中输入交流内容，提交即可开始对话。

九、AI 与教学

【活动目标】
(1)促进学习者相互学习。
(2)促进学习者对 AI 与教学之间关系的思考。

【活动时间】
30 分钟。

【活动简介】
本活动通过"线上对话法"，让学习者平等地参与主题讨论，通过组内讨论、组间讨论两个步骤，促进学习者对讨论主题的深度思考，同时利用在线平台记录讨论的全过程。

【活动步骤】
(1)组织者将学习者按照 4～6 人一组分成若干小组，并提前在优幕(UMU)平台上为每个组建立一个讨论小节。

(2)组织者给出讨论主题"AI 与教学"，可以细分为 AI 对学生发展、教师发展的促进作用两个方面，在大屏幕上展示参与讨论的二维码。

(3)学习者扫描二维码进入自己小组的讨论小节，进行线上讨论。组织者鼓励学习者要尽可能具体、明确、详细地表述自己的观点。

(4)各小组讨论完成后，学习者在线进入其他小组的讨论小节，针对其他学习者的发言进行补充、评论或提出疑问。

(5)大约 10 分钟后，学习者返回自己的讨论小节中，讨论其他组学习者的留言，是否要对和如何对哪些评论和提出的问题进行回复。

(6)各小组选派代表对其他组学习者的留言进行回应，在回应的过程中利用大屏幕展示留言内容，小组之间进行相互补充。

(7)组织者进行活动总结，倡导学习者关注 AI 技术的发展，不断思考 AI 与学生学习、与教师学习之间的关系，以及 AI 对学生发展、教师发展的促进作用等问题，积极开展利用 AI 支持自身发展与学生学习实践。

【活动资源】

无。

【活动提示】

(1)本活动使所有学习者均有平等的机会对小组的发现进行评价，让每位学习者有充足的时间进行思考，有平等的机会学习其他学习者的成果。

(2)有时候学习者表达的观点过于简单，意思不明确，使其他学习者不知所云。尽管在学习者发表观点的过程中，组织者要求学习者要尽可能具体、明确、详细地表述自己的观点，但仍会出现部分学习者仅写下标题或者简单几个字的情况。

【极简教育技术】

优幕(UMU)的简介、获取方法和操作方法详见本部分的模块四活动六。

十、AI 会取代教师吗

【活动目标】

(1)开展机会平等、民主化、有深度的讨论。

(2)促进学习者对 AI 与教师专业发展关系的思考。

(3)找到一种替代小组报告总结的方式。

【活动时间】

45 分钟。

【活动简介】

本活动采用"匿名反馈法"，所有学习者利用社交软件的群匿名聊天功能，通过匿名的深度讨论促进学习者的深度思考和相互之间的学习。

匿名反馈法是一种通过在线匿名讨论，快速从团队成员那里得到匿名反馈的讨论法。匿名反馈法通过为团队成员提供一条秘密渠道，让成员都能说出他们关注的事情或者提出的问题。可以用于组织讨论、检查理解程度、提出新问题。该方法适合不同规模的团队，从十几人到几百人都非常有效。[1]

【活动步骤】

(1)组织者建立一个 QQ 群，将群命名为"AI 会取代教师吗"，将 QQ 群界面展示在大屏幕上。

(2)组织者打开 QQ 群的"匿名聊天"功能，请所有学习者加入群中。

(3)组织者鼓励学习者在群中发言，只要有自己的想法，都可以通过 QQ 群提出疑问、进行反馈、提出议题、发表评论、对下面的讨论给出建议。告知学习

---

[1] [美]史蒂芬·D. 布鲁克菲尔德，史蒂芬·普莱斯基尔. 如何讨论——以最短时间达成最佳效果的 50 个讨论方法[M]. 包芳，等译. 北京：中国青年出版社，2017.

者，每隔 15 分钟，会把群中的信息展示在大屏幕上，这样每个人都有机会读到。当然，学习者也可以在自己的设备中看到这些发言。

(4)在学习者发言的过程中，组织者应及时回复学习者的留言，包括回答问题、关注大家提及的新的讨论方向、探讨有争议的地方，并询问大家是否愿意就大屏幕上的发言进行交流。

(5)组织者进行活动总结，倡导学习者关注 AI 技术的发展，思考人工智能时代教师的角色定位和所需具备的素养。

【活动资源】

无。

【活动提示】

(1)本活动适合学习者达数百人、互动非常多的培训现场。

(2)通过匿名发言，让学习者以虚拟的身份平等地发表观点和评价，减少学习者怕说错话等方面的担忧，提高学习者参与的积极性。

(3)在讨论的过程中，组织者要及时发现新的观点和需要深度讨论的观点，引导讨论的方向和内容，促进学习者进行深度讨论。

【极简教育技术】

"QQ 群"匿名聊天功能。

操作方法：打开"QQ 群"聊天界面，选择聊天窗口中部工具条上的更多按钮（三个点图标），选择"匿名聊天"即可。

第三部分
极简教育技术教师培训的未来展望

作为一种高获得感的培训，极简教育技术教师培训随着极简教育技术和极简培训的发展，也会不断发展。随着5G、人工智能、物联网、大数据、虚拟现实技术的迭代升级，极简教育技术的内容会更加丰富多彩，但始终不变的是它的特点：掌握简便、解决问题、提高效率。随着在线课程体系、基于区块链技术评价体系的研发，极简培训的形式会更加绚丽多姿，但始终不变的是它的目标和评判标准：获得感。未来，极简教育技术教师培训将成为主流，极简培训也将在教育之外的更多领域得到广泛的应用。

模块一

极简教育技术的未来发展趋势

2021年2月,中国互联网信息中心(CNNIC)发布的第47次《中国互联网络发展状况统计报告》指出:截至2020年12月,我国网民规模达9.89亿,互联网普及率达70.4%,其中手机网民规模达9.86亿,网民使用手机上网的比例达99.7%,App(Application,移动互联网应用)数量达345万余款;我国在线教育用户达3.42亿,占网民整体的34.6%,其中手机在线教育用户达3.41亿,占手机网民的34.6%,在线教育用户使用手机参与教学的比例达99.7%。[1] 数据显示,我国已深处移动互联网时代,基于移动设备的教与学成为在线教育的主流方式,移动互联网的人性化、极简化、实用化的特点也在深入影响教育的各个领域。随着移动互联各项新技术的发展,极简教育技术的形态、形式将更加丰富,同时也将迎来新一轮的热潮,助推教育实现现代化。

一是随着5G技术的发展,基于云计算的极简教育技术将更加普及。4G改变生活,5G改变社会。5G技术将人与人之间的通信方式改变为人与物、物与物之间的通信方式,实现万物互联、万物计算,改变千行百业的形态,为千行百业创造新的价值。5G时代,教育装备的移动性将得到极大释放,全景课堂、虚拟实验、智能校园将更加普及,云计算将为师生创造沉浸式的教与学体验。过去由于计算性能、网络传输速度限制导致难以"极简"的应用将向"极简化"发展,我们将体验到更多基于云计算技术的极简教育技术,极简教育技术的形态、形式也将更加丰富。

二是随着人工智能技术的发展,支持个性化生活、个性化工作、个性化学习的极简教育技术将更加普及。当下,人工智能技术的发展十分迅速,基于行为互动、思维互动、情感互动等分析的人工智能技术将更加普及,基于学习科学成果的人工智能技术将在教育中得到广泛应用。除常见的具有语音识别、图像识别、语义识别单一功能的极简教育技术外,聚合多种人工智能技术、支持师生个性化

---

[1] 中国互联网信息中心(CNNIC). 第47次《中国互联网络发展状况统计报告》[DB/OL]. [2021-02-22]. http://cnnic.cn/hlwfzyj/hlwxzbg/hlwtjbg/202102/P020210203334633480104.pdf.

教与学、功能强大且操作简单的极简教育技术将覆盖师生教与学全过程。

三是随着物联网技术的发展，支持物联网的极简教育技术将更加普及。在物联网时代，一切皆可联网、一切皆可计算，万物互联的社会环境将更加普及，人、设备、场景将不再是孤立的存在，设备围绕人的活动进行安全、高效的连接，基于场景给出最智能、最舒适的体验。不同设备的分布式能力将造就新硬件、新交互、新服务，移动终端将变成全场景世界的一把"钥匙"，打开焕然一新的全场景世界，让人时刻体验个性化智能服务。在全场景世界中，极简教育技术将随时随地存在于移动终端和教育装备中，多个极简教育技术将基于师生的需求给出最佳组合，确保师生的操作极简、应用极简。

四是随着大数据技术的发展，支持数据分析的极简教育技术将更加普及。每一位教师的教学过程、每一位学习者的学习过程、每一个软件和物联网设备的运行过程都会产生大量的数据，使得教育大数据所具有的反馈、个性化、预测的价值将更加凸显，数据素养将成为社会公民的必备素养之一。基于数据分析技术的极简教育技术将大大简化数据收集、数据分析、数据可视化的过程，让数据支持的决策将更加科学、更加极简、更加普及，数据驱动的工作、学习、生活将更加普及。

五是随着虚拟现实技术的发展，基于 VR（虚拟现实）、AR（增强现实）、MR（混合现实）的极简教育技术将更加普及。当前，虚拟现实技术在实验教学、职业技能训练中得到了广泛的应用，给学习者带来沉浸式的体验。未来，虚拟现实技术将与日常教学紧密结合，构建具有高沉浸体验的虚拟现实课堂、增强现实课堂、混合现实课堂。分布在不同区域的学习者可以在虚拟现实装备的支持下，有效解决目前线上教学中行为互动、情感互动难以有效传递的问题，形成身临其境的"现实课堂"环境，极简教育技术将在这种环境的教学中发挥关键性作用。

模块二

极简培训的未来发展趋势

极简培训以提高教师获得感为目标，逐渐成为移动互联时代教师培训的流行方式，也将在教育之外的更多领域得到广泛的应用。未来，在开展教师信息技术应用能力极简培训的过程中，如何进一步促进参训教师的主动性和内驱力，还可以引入"拼多多"等社区电商理念——"拼多多"成功地将人群凝聚组成共同购物的微型共同体，从而让人们的电商购物活动呈现爆炸式增长。如果把"电商"的"商"换作教育的"教"，"电教"如何借鉴拼多多的组团方式，激发参训教师自主"拼团学习"，从而充分焕发学习者的内驱力，让培训真正发生。

随着新技术的迅猛发展，关注未来区块链、大数据、人工智能等新技术对教师培训的影响，从而不断扩大培训的覆盖面，不断提升培训的获得感。基于此，我们对未来教师信息技术应用能力极简培训的进一步发展做如下展望和建议。

一、建设教师信息技术应用能力极简培训在线课程体系

(一)社交电商"拼多多"的拼团模式

拼多多成立于2015年9月，是一家专注于消费者到企业(C2B)拼团的第三方社交电商平台。截至2021年2月，拼多多平台已汇聚7.313亿年度活跃买家和510万活跃商户，平台年交易额达人民币14576亿元，迅速发展成为中国第二大电商平台、中国最大的农产品上行平台。[①] 在拼多多平台上，用户通过发起和朋友、家人、邻居等的拼团，可以以更低的价格，拼团购买优质商品。其中，通过沟通分享形成的社交理念，形成了拼多多独特的新社交电商思维。拼团模式在电商中并不是商业中新鲜的模式，只是由拼多多把这个模式带到了大众眼前。

拼团模式可以让用户购买到物美价廉的商品。在拼多多平台上，每个商品都

---

① 拼多多. 公司介绍[EB/OL]. [2021-02-28]. https://www.pinduoduo.com/home/about/.

有单独购买价格和拼团价格，且拼团价格大大低于单独购买价格，用户选择拼团购买进行商品下单，开团支付成功后获取转发链接，邀请好友参团，参团成员也可以将该团分享出去邀约更多的团员参团，在规定时间内邀请到相应人数支付购买则拼团成功，等待收货。不想新开团的用户也可以加入正在进行的拼团。未达到人数则团购失败，系统会自动退款到付款账户。通过社交工具传播的拼团模式，充分运用了社交工具十亿级的社交流量，低价爆款的产品长期存在并吸引更多的用户加入，商家在凭借低价爆款产品引入流量后会主推高毛利产品，最终实现商家获利、"拼多多"受益的双赢局面。

拼团模式可以让用户产生成就感。以往的拼团模式和单独购买的价格之间没有形成较大差距，难以调动用户的购买欲望。在拼团模式中，拼团的规定时间限制会让用户产生一定程度的紧迫感来促使他们将链接发送到朋友圈和微信群中，如果消费者在规定时间邀请到足够多的用户购买，那么消费者不仅会兴奋于买到物美价廉的商品，还会产生完成任务的成就感，这种感受同样会激发消费者参与下次团购活动的兴趣。[1]

(二)极简培训"拼团学习"方式

极简培训倡导通过建设教师信息技术应用能力极简培训在线课程，将不同地域的学习者以"拼团学习"的方式随机自主组合，形成促进教师专业发展的微学习共同体，开展在线协作学习。微学习共同体，是指一般由2～6人组成的学习共同体，学习者之间通过基于网络的协作学习完成协同知识建构。

教师信息技术应用能力极简培训在线课程有五个特点：一是学习内容按需分层设置，以极简教育技术为核心；二是课程中的每个学习内容短小，符合极简培训的理念；三是课程内容种类丰富，满足学习者"自定航向"的个性化发展需求；四是注重学习者的获得感，课程内容实用，能直接用于教学实战；五是设置形式丰富的社交活动，如"拼团学习""助力免单""砍价免费学""成绩优秀返学费"等，以低成本高质量为突破口，用高性价比的课程内容吸引学习者开展"自定航向"的个性化学习。

以"拼团学习"的方式自主随机组合形成微学习共同体有四个特点。

(1)以"拼团学习"的方式进行课程报名。借鉴社交电商"拼多多"的理念，学习者开团支付"学币"成功后，在规定时间内邀请他人加入"拼团学习"；或者直接参与他人创建的"拼团"。培训管理机构可以借鉴电商模式，创建用于教师培训管理的"学币"(把"学分"改为"学币"，这是一种替代过去教师继续教育学分管理的数字化学分管理系统)，用于最后结算参与教师培训课程学习活动和资源建设各

---

[1] 曹钰青.浅析社交电商"拼多多"的商业模式[J].中小企业管理与科技(下旬刊)，2019(12)：116-117，119.

方的绩效，包括教师个体、学校、教育局、教育资源网站、课程开发者等。

（2）学习者通过2～6人拼团的方式以低成本获得课程学习资格，人数越多，成本越低。低成本、高获得感的课程，具有较强的吸引力，可以提高学习者的内在学习动力，扩大课程的受众。

（3）学习者随机组合形成微学习共同体。学习者以提升信息化教学胜任力为目标开展协作学习，对共同感兴趣的话题分享学习心得、相互帮助解决问题，从而获得较高学习成绩和高获得感。

（4）学习者参与的微学习共同体的活动和成果，将以区块链的方式作为学习资质证明，保障极简培训系统的诚信度和质量。

(三)建设极简培训课程资源

我们注意到，要实现"拼团学习"的极简培训，培训供给侧方提供丰富的可供教师按需选择的课程资源是基础。因此，在国家层面上，不仅要鼓励和支持高等院校、基础教育的教师培训机构大力建设课程资源，支持专业化公司与一线学校教师形成命运共同体，共同做好教育信息化资源建设工作。[①] 还要鼓励和支持所有参与培训学习的教师转变学习方式，像创客一样学习，不仅是课程的消费者，还要成为课程的建设者，就像微信公众号一样，亿万网友不仅是读者，也都是作者，海量信息爆炸式增长，形成新世纪教师信息技术应用能力提升的众筹智慧新生态。

二、建设基于区块链技术的极简培训评价体系

教师培训伴随着教师整个的专业发展过程，并起到非常关键的作用。在教师参加的各类培训中，一些教师培训是没有评价的，一些培训仅有纸质的培训证书作为记录，几乎所有的培训都不能作为教师专业能力考核的依据。评价成为教师培训的"软肋"，如何有效记录教师的培训过程，让培训成为教师专业发展的依据，在教师职称评聘、评优选先中发挥作用，成为开展培训实践中的一个难题，借助区块链技术可以解决这一问题。

区块链本质上是一个去中心化的分布式记录数据库。区块，就是数据块，按照时间顺序将数据区块组合成一种链式结构，并利用密码学算法，以分布式记账的方式，集体维护数据库的可靠性。所有数据块按时间顺序相连，从而形成区块链。区块链技术采用分布式存储，通过多地备份，制造数据冗余，让所有人都有能力都去维护共同一份数据库，让所有人都有能力彼此监督维护数据库的行为，

---

① 黎加厚. 让每一个中国人共享现代化学习生活[J]. 人民教育，2020(2)：46-48.

从而实现高可信度和高安全性。

举个例子：小明找小华借100元钱，但小华怕小明赖账，于是就请村主任做公证，村主任在村里的账本上记下这笔账，这个就叫中心化。但如果，小华不找村主任，直接通过村广播喇叭通知全村人"小明向小华借了100元钱，请大家记在账本里"，这个就叫去中心化。以前村主任德高望重，掌握全村的账本，大家都把钱存在他这里，这是过去大家对中心化的信任。现在，大家都担心村主任会偷偷挪用大家的钱，怎么办呢？于是大家就给每个人都发了一本账本，任何人之间转账都通过大喇叭发布消息，收到消息后，每个人都在自家的账本上记下这笔交易，这就叫分布式记账。有了分布式账本，即使小明或小华家的账本丢了也没关系，因为村里其他家都有账本。每天，大家都会在公认正确的账本后面添加新的交易，而且其他人也会参与验证当天的交易。后续加入的成员都会从最长的那个账本那里继续记录。这就是区块链的原理。

区块链技术具有去中心化与分布存储、高度加密、防伪溯源、智能合约与不可更改等技术优势[1]，可以保证培训评价的客观公正和安全可靠。学习者完成教师信息技术应用能力极简培训在线课程的学习后，课程平台会自动对学习者的学习行为、学习结果进行分析，生成学习证明，并通过区块链技术将学习过程、学习证明同步保存到教师个人终端和教师培训组织机构、教师培训主管部门、教育大数据中心等机构的服务器中，形成无法修改的区块链记录。区块链技术的可溯源性，在确保学习证明数据安全的同时，还可以对每一次学习证明数据进行追踪，支持对不公正评价行为的追责。同时，基于区块链技术的学习证明可以成为教师专业发展记录的一部分，为教师考核、教师成长大数据分析等提供数据支持，逐步形成新世纪教师信息技术应用能力提升新生态的质量诚信保障体系。

---

[1] 郑旭东，杨现民. 基于区块链技术的学生综合素质评价系统设计[J]. 现代远程教育研究，2020，32(1)：23-32.

后 记

本书从编写到付梓历经了三年时间,三年时间我们经历了大规模在线教学、迎来了以文心一言等生成式人工智能为代表的新一代极简教育技术的兴起,作为极简教育技术教师培训核心的极简培训正在飞速发展,新的培训内容、新的培训形式层出不穷,我们期待书中的极简培训活动能为中小学教师培训注入新的活力。

本书的编写与正式出版,首先要感谢上海师范大学黎加厚教授长期对研究团队的关心与帮助,感谢北京师范大学出版社编辑老师们的支持与鼓励。本书编写人员都是长期从事信息化教学的教师和教研员,具有丰富的实践经验。参加本书各章节编写的作者分工如下:梁凯华(前言,第一部分模块一、模块二、模块三、模块四,第三部分模块一、模块二,后记,并负责全书的设计、统稿、审核、校对工作),李刚(第二部分模块一),王红梅(第二部分模块二),李佳佳(第二部分模块三),张布栋(第二部分模块四),刘宇隆和李鹏程(第二部分模块五),贾越(第二部分模块六),王东英(第二部分模块七)。

人工智能等信息技术正在飞速发展。在本书出版之时,国内面向个人的生成式人工智能产品正在普及,因此本书滞后于生成式人工智能的发展速度将是必然的,但极简教育技术和极简培训的核心特点是不会变的。恳请读者对本书的不足提出批评和建议,以便帮助我们不断改进和完善。

大道至简,变革非凡。欢迎大家与我们一起,在极简教育技术教师培训的过程中不断实践、不断反思,成长为一名智慧教育的研究者与实践者。

梁凯华

2024 年 1 月